À ESPERA DA VERDADE

Empresários, juristas e elite transnacional
histórias de civis que fizeram a ditadura militar

CONSELHO EDITORIAL

Ana Paula Torres Megiani
Eunice Ostrensky
Haroldo Ceravolo Sereza
Joana Monteleone
Maria Luiza Ferreira de Oliveira
Ruy Braga

À ESPERA DA VERDADE

Empresários, juristas e elite transnacional
histórias de civis que fizeram a ditadura militar

Monteleone – Sereza – Sion – Amorim – Machado

alameda

Copyright © 2016 Monteleone – Sereza – Sion – Amorim – Machado

Grafia atualizada segundo o Acordo Ortográfico da Língua Portuguesa de 1990, que entrou em vigor no Brasil em 2009.

Edição: Haroldo Ceravolo Sereza
Editora assistente: Camila Hama
Assistente acadêmica: Bruna Marques
Projeto gráfico, diagramação e capa: Gabriel Siqueira
Revisão: Marina Ruivo
Imagem da capa gentilmente cedida por: Orlando Brito

CIP-BRASIL. CATALOGAÇÃO NA PUBLICAÇÃO
SINDICATO NACIONAL DOS EDITORES DE LIVROS, RJ

E74

À ESPERA DA VERDADE: EMPRESÁRIOS, JURISTAS E ELITE TRANSNACIONAL, HISTÓRIAS DE CIVIS QUE FIZERAM A DITADURA MILITAR
Joana Monteleone ... [et al.]. - 1. ed.
São Paulo : Alameda, 2016.
304p. : IL. ; 21 CM.

Inclui bibliografia
ISBN 978-85-7939-347-1

1. Brasil - História - 1964-1985. 2. Brasil - Política e governo. 3. Relações entre civis e militares. I. Monteleone, Joana.

15-27805   CDD: 981.063
       CDU: 94(81)'1964/1985'

ALAMEDA CASA EDITORIAL
Rua Treze de Maio, 353 – Bela Vista
CEP 01327-000 – São Paulo – SP
Tel. (11) 3012-2403
www.alamedaeditorial.com.br

Sumário

Nota explicativa	9
Apresentação Janaína de Almeida Teles	17
Introdução: sem improviso Vitor Sion / Joana Monteleone / Haroldo Ceravolo Sereza / Felipe Amorim / Rodolfo Machado	23
ANTES DO GOLPE	33
O Ipês Felipe Amorim / Rodolfo Machado	35
As mulheres golpistas Felipe Amorim / Rodolfo Machado	47
A publicidade contra Jango Joana Monteleone	57
Imprensa internacional: *Fortune* **e** *Seleções* Felipe Amorim	65

O FLAUTISTA DO REI 73
Felipe Amorim

O DIREITO NA DITADURA 81

JURISTAS DE EXCEÇÃO 83
Rodolfo Machado

ADVOGADOS DA RESISTÊNCIA 109
Rodolfo Machado

CABO ANSELMO, O TRAIDOR DESMASCARADO 125
Haroldo Ceravolo Sereza / Joana Monteleone

CINCO MESES ANTES DO AI-5 133
Vitor Sion

CADERNO DE IMAGENS 143

EMPRESAS 177

UMA NOVA DIRETORIA DA FIESP:
O GRUPO PERMANENTE DE MOBILIZAÇÃO INDUSTRIAL 179
Rodolfo Machado / Felipe Amorim / Haroldo Ceravolo
Sereza / Joana Monteleone / Vitor Sion

OS ACIONISTAS CRÍTICOS DE VOLKSWAGEN,
SIEMENS E MERCEDES-BENZ 189
Vitor Sion / Felipe Amorim / Patrícia Dichtchekenian

O NAZISTA DA VOLKSWAGEN 197

Felipe Amorim / Rodolfo Machado

EVIDÊNCIAS DA ATUAÇÃO DA VOLKSWAGEN NA DITADURA 201

Felipe Amorim / Rodolfo Machado / Vitor Sion

RELAÇÕES INTERNACIONAIS 207

A QUESTÃO CUBANA NO CONSELHO DE
SEGURANÇA NACIONAL EM 1964 209

Vitor Sion

GOLPE CONTRA O CHILE, ANTES DE ALLENDE 213

Vitor Sion

OS VÍNCULOS INTERNACIONAIS 217

Felipe Amorim / Rodolfo Machado

INCONSTITUCIONAL, ILEGAL E INJUSTIFICÁVEL 223

Felipe Amorim / Rodolfo Machado

SECRETO: RELATÓRIOS REVELADOS PELO WIKILEAKS 233

Rodolfo Machado / Dodô Calixto

OPERAÇÃO CONDOR: BRASILEIROS PROCESSADOS NA ITÁLIA 237

Janaina Cesar / Felipe Amorim

A CNV E O FUTURO 253

RELATÓRIO DA CNV: TRIBUTO A WASHINGTON 255
Felipe Amorim

OPERAÇÃO CONDOR NO RELATÓRIO DA CNV 261
Vitor Sion

A QUESTÃO DOS ARQUIVOS PÚBLICOS 265
Rodolfo Machado

A LIÇÃO ARGENTINA:
OS CÚMPLICES ECONÔMICOS DA DITADURA 269
Felipe Amorim

RUAS DA DITADURA 273
Joana Monteleone

POSFÁCIO 283
'AINDA ESTOU AQUI', UMA RESENHA
Haroldo Ceravolo Sereza

FONTES, ACERVOS E SÍNTESE
DA BIBLIOGRAFIA 291

AGRADECIMENTOS 301

Nota explicativa

Com a instalação da Comissão Nacional da Verdade (CNV), em maio de 2012, o Brasil passou a viver um momento de revolver seu passado, com dezenas de outras comissões regionais espalhadas pelo país inteiro. O objetivo expresso, além de democratizar o acesso à informação, era garantir à nação o direito inalienável à memória.

Nesse cenário, um grupo de pesquisadores formado em São Paulo, que colaborou com a produção de *papers* para subsidiar a CNV, escreveu uma série de textos para os sites "Última Instância" e "Revista Samuel/Opera Mundi", reunidos nos especiais "À Espera da Verdade" e "Nas Entranhas do Relatório da CNV". Esses artigos, publicados a partir de junho de 2013, foram uma espécie de subproduto dos relatórios — traziam novas avaliações de documentos não centrais da pesquisa principal, com leituras que priorizavam o entendimento do papel dos civis, sobretudo empresários e juristas, na construção do golpe e na organização do aparato repressor. Alguns dos documentos e interpretações apresentados neste livro eram inéditos quando reportados e revelaram detalhes das articulações e operações que permitiram a tomada do poder e o estabelecimento de uma ditadura de classe comandada pelo grande capital.

Após a divulgação do texto final da comissão, a mesma equipe passou a fazer leituras aprofundadas de detalhes do relatório, destacando pontos importantes que não haviam sido destacados pela imprensa. Também esses artigos estão aqui reunidos.

Tais escritos, combinando o rigor da pesquisa acadêmica coletiva (o grupo era formado por dois doutores, dois mestrandos e um jornalista com experiência na cobertura jurídica e também formado em Relações Internacionais) com o desejo de intervir no debate jornalístico sobre o tema, a nosso ver mereciam ganhar o formato de livro para garantir sua perenidade. Embora a participação de todos os integrantes do grupo tenha influenciado cada linha do que foi publicado, optamos por manter as assinaturas individuais de cada um dos artigos, porque eles também são resultado de uma produtiva divisão de tarefas entre nós e de interesses particulares de cada um dos pesquisadores.

Longe de ser a palavra final sobre o assunto, os textos jogam luz sobre aspectos essenciais do regime de exceção instaurado em 1964, em especial sobre os meandros das relações entre setores militares e civis. Aqui, o leitor não encontra um grande painel fechado e conclusivo sobre a ditadura, mas fragmentos e trilhas para compreender alguns de seus detalhes e abrir caminhos novos, para se enveredar no conhecimento desse momento tristemente histórico de nosso passado.

O trabalho está dividido em cinco partes, reunindo os artigos de forma temática. A primeira delas diz respeito ao período da conspiração, antes do golpe contra João Goulart em 1964. A segunda parte oferece uma coletânea de textos sobre questões jurídicas relacionadas à ditadura militar, com destaque para os perfis dos ministros da Justiça do período. Em seguida, apresentamos uma narrativa sobre a colaboração da iniciativa privada no processo de derrubada do regime presidencialista e na institucionalização dos militares no poder. No quarto trecho, expomos alguns dos principais laços internacionais da ditadura brasileira, indicando também o processo de tomada de decisão em política externa na instância do Conselho de Segurança Nacional. Por fim, os textos da última parte são uma revisão aprofundada do relatório final da CNV.

Cabe aqui, ainda, um aviso: para a edição deste livro, optamos por fundir textos complementares e excluir algumas redundâncias. Não foram feitas, no entanto, modificações de fundo: a ideia era preservar o espírito original dessa cobertura tão especial.

A escolha do nome recaiu sobre o primeiro especial por alguns motivos: primeiro porque, a nosso ver, a CNV, instituída no governo Dilma Rousseff, representou um enorme avanço no debate sobre esse passado recente, embora não tenha dado o passo fundamental de pôr abaixo a Lei da Anistia de 1979, nem feito o Judiciário e as Forças Armadas recuarem da posição intransigente e autoritária de bloquearem o debate sobre o regime civil-militar. Continuamos, apesar das inúmeras caixas-pretas abertas por essa comissão e por outras instituídas por todo o país, em Estados, municípios, universidades e sindicatos, à espera de que novos passos sejam dados, agora para a judicialização dos casos comprovados de graves violações de direitos humanos e crimes de lesa humanidade perpetrados pelo terrorismo oficial do Estado brasileiro. Esse é o motivo pessimista.

O motivo otimista vem do fato de que a palavra "espera" é o núcleo do substantivo *esperança* — essa esperança em um país que não tenha medo do passado e que enfrente com coragem os desafios do presente. As recomendações da CNV nesse sentido são claras e alguns dos caminhos para novos avanços estão apontados no relatório tornado público em 10 de dezembro de 2014. Para nós, essas recomendações são tão importantes quanto o registro oficial das violências do regime. São propostas que não podemos esquecer enquanto não forem implementadas. Elas são centrais para resolver alguns dos mais graves problemas de violência, desigualdade e injustiça que o país ainda enfrenta.

E por essa razão, fazemos questão de reproduzi-las todas a seguir (BRASIL, 2014, p. 964-975):

Medidas institucionais

1. Reconhecimento, pelas Forças Armadas, de sua responsabilidade institucional pela ocorrência de graves violações de direitos humanos durante a ditadura militar (1964 a 1985);

2. Determinação, pelos órgãos competentes, da responsabilidade jurídica – criminal, civil e administrativa – dos agentes públicos que deram causa às graves violações de direitos humanos ocorridas no período investigado pela CNV, afastando-se, em relação a esses agentes, a aplicação dos dispositivos concessivos de anistia inscritos nos artigos da Lei no 6.683, de 28 de agosto de 1979, e em outras disposições constitucionais e legais;

3. Proposição, pela administração pública, de medidas administrativas e judiciais de regresso contra agentes públicos autores de atos que geraram a condenação do Estado em decorrência da prática de graves violações de direitos humanos;

4. Proibição da realização de eventos oficiais em comemoração ao golpe militar de 1964;

5. Reformulação dos concursos de ingresso e dos processos de avaliação contínua nas Forças Armadas e na área de segurança pública, de modo a valorizar o conhecimento sobre os preceitos inerentes à democracia e aos direitos humanos;

6. Modificação do conteúdo curricular das academias militares e policiais, para promoção da democracia e dos direitos humanos;

7. Retificação da anotação da causa de morte no assento de óbito de pessoas mortas em decorrência de graves violações de direitos humanos;

8. Retificação de informações na Rede de Integração Nacional de Informações de Segurança Pública, Justiça e Fiscalização (Rede Infoseg) e, de forma geral, nos registros públicos;

9. Criação de mecanismos de prevenção e combate à tortura;

10. Desvinculação dos institutos médicos legais, bem como dos órgãos de perícia criminal, das secretarias de segurança pública e das polícias civis;

11. Fortalecimento das Defensorias Públicas;

12. Dignificação do sistema prisional e do tratamento dado ao preso;

13. Instituição legal de ouvidorias externas no sistema penitenciário e nos órgãos a ele relacionados;

14. Fortalecimento de Conselhos da Comunidade para acompanhamento dos estabelecimentos penais;

15. Garantia de atendimento médico e psicossocial permanente às vítimas de graves violações de direitos humanos;

16. Promoção dos valores democráticos e dos direitos humanos na educação;

17. Apoio à instituição e ao funcionamento de órgão de proteção e promoção dos direitos humanos;

Reformas constitucionais e legais

18. Revogação da Lei de Segurança Nacional;

19. Aperfeiçoamento da legislação brasileira para tipificação das figuras penais correspondentes aos crimes contra a humanidade e ao crime de desaparecimento forçado;

20. Desmilitarização das polícias militares estaduais;

21. Extinção da Justiça Militar estadual;

22. Exclusão de civis da jurisdição da Justiça Militar federal;

23. Supressão, na legislação, de referências discriminatórias das homossexualidades;

24. Alteração da legislação processual penal para eliminação da figura do auto de resistência à prisão;

25. Introdução da audiência de custódia, para prevenção da prática da tortura e de prisão ilegal;

Medidas de seguimento das ações e recomendações da CNV

26. Estabelecimento de órgão permanente com atribuição de dar seguimento às ações e recomendações da CNV;

27. Prosseguimento das atividades voltadas à localização, identificação e entrega aos familiares ou pessoas legitimadas, para sepultamento digno, dos restos mortais dos desaparecidos políticos;

28. Preservação da memória das graves violações de direitos humanos;

29. Prosseguimento e fortalecimento da política de localização e abertura dos arquivos da ditadura militar.

Apresentação

Este livro apresenta uma coletânea de artigos, os quais trazem nova luz à investigação sobre o papel dos civis, sobretudo de empresários e juristas, na estruturação do golpe de 1964 e do aparato repressivo da ditadura. Combinando o rigor da pesquisa acadêmica à escrita jornalística, ele tem o mérito de contribuir e estimular o debate e a pesquisa, ainda pouco desenvolvidos, sobre os meandros das relações entre civis e militares durante esse período. Elucidar e conhecer tais relações são imprescindíveis tanto para a recuperação factual quanto para a compreensão dos sentidos do passado ditatorial e seu legado.

A partir de 1964, a perseguição empreendida contra o movimento sindical, a contenção dos salários e o fim do regime de estabilidade no emprego levaram a uma considerável transformação nas relações de trabalho do país. O regime de exceção possibilitou a centralização dos poderes no Executivo, o fortalecimento da grande empresa e a concentração de renda, o que resultou na expansão das multinacionais em quase todos os setores da economia nacional.

Desse modo, ganham particular relevo os textos que tratam do Grupo Permanente de Mobilização Industrial (GPMI), instituído pela Fiesp em abril de 1964 – cujo objetivo era adaptar a indústria brasileira à produção bélica –, e sobre as relações de cumplicidade entre os empresários e a repressão política. Ressalta-se aqui a colaboração das multinacionais – sobretudo da Volkswagen (que contou, inclusive, com os serviços de um famoso nazista da SS) e de sua Divisão de Segurança Industrial e Transporte, da Siemens e da Mercedes--Benz – ao GPMI e à perseguição de dissidentes e sindicalistas.

Durante o período ditatorial se produziu uma vasta legalidade de exceção, composta por diversos atos legislativos, que se sobrepunham e se confundiam. A ditadura brasileira soube transitar com habilidade na *zona de indistinção* entre o *legal e a situação de fato,* característica do estado de exceção.[1] A manutenção de uma esfera pública que conservava dispositivos democráticos dava uma aparência de normalidade e legitimidade ao regime, desde a manutenção do Congresso Nacional, de um partido de oposição moderada e de um sistema judiciário, a despeito de seu perfil 'de exceção'.

O aparato repressivo, por outro lado, articulou diversas estratégias repressivas, logrando conduzi-las de maneira centralizada e seletiva. Desse modo, estruturou--se um aparelho burocrático de Estado sofisticado, que

---

1 Cf. Agamben, Giorgio. *Estado de exceção.* São Paulo, Boitempo, 2004.

contou com altos níveis de colaboração entre civis e militares, o que possibilitou a divisão (e diluição) de responsabilidades e certa margem para administrar o poder e as disputas dentro e fora do Estado.

Essa configuração política possibilitou a coexistência de órgãos e instituições como os campos de concentração na Guerrilha do Araguaia, os DOI-Codis, a rede de centros clandestinos de extermínio, os DEOPS, a justiça militar e os presídios; uma das chaves determinantes do êxito da ditadura por um período relativamente longo. A sobreposição de hierarquias era parte da lógica repressiva, que criou uma gama diversificada de órgãos e funções que, a despeito de sua extensão, centralizava a decisão sobre a vida e a morte dos perseguidos políticos.

Nesse contexto, é fundamental observar que a estratégia repressiva adotada no Brasil não foi inteiramente extrajudicial. A justiça militar, o setor mais visível desse aparato repressivo, cumpriu um papel central na estratégia de legitimação da ditadura perante a opinião pública nacional e internacional. Tal característica torna oportuna a publicação da investigação sobre a atuação de civis nos altos escalões do aparelho de Estado, cotejando os dados fornecidos pelos documentos de arquivos públicos com os do relatório da Comissão Nacional da Verdade (CNV). Chama a atenção particularmente a pesquisa sobre a atuação dos ministros da Justiça e seu papel na conformação da legislação de exceção.

É de se ter em vista, entretanto, que no período em que proliferaram os grupos de esquerda armada, entre os anos de 1968 e 1971, o Estado de Segurança Nacional conseguiu organizar um aparato repressivo centralizado. Preocupado com os danos causados pela repercussão das denúncias dos crimes cometidos pelo Estado, no país e no exterior, e as mudanças da conjuntura política e econômica, diversas alterações na estratégia de legitimação e conduta repressiva determinaram o posicionamento do regime. Nesse período, gradualmente, os órgãos de informação e segurança interna passaram a incorporar e incrementar, entre as práticas repressivas utilizadas, a estratégia de *desaparecimento forçado* de militantes considerados "indesejáveis".

As decisões voltadas à centralização da repressão política também foram possíveis devido ao desfecho da crise relativa à sucessão presidencial provocada pela doença de Costa e Silva, no final de agosto de 1969, que resultou na escolha do general Emílio Garrastazu Médici para presidente. Uma aliança entre "costistas" e "castelistas" viabilizou a solução sucessória dentro dos quadros da hierarquia, e a unidade foi reencontrada nos altos escalões das Forças Armadas. O panorama militar do final de 1969 foi menos caótico do que por vezes assumido pela historiografia disponível.

Durante a ditadura predominou a capacidade efetiva das Forças Armadas de impor as regras da hierarquia e da unidade institucional.[2] A despeito dos conflitos e disputas existentes no interior do regime, predominou a "união

---

2   Martins Filho, João Roberto. "A ditadura revisitada: unidade ou desunião?" In: UFRJ, UFF, CPDOC e APERJ. *1964/2004: 40 anos do golpe*. Rio de Janeiro. FAPERJ/7 Letras, 2004, p.114; e Fico, Carlos. *Como eles agiam. Os subterrâneos da ditadura militar*. Rio de Janeiro, Record, p.24-25 e 134.

na desunião", conforme expressão de João Roberto Martins Filho. De acordo com o autor, ao final do governo de Humberto Castello Branco existiam, pelo menos, quatro grupos em disputa: os castelistas, a linha dura, os albuquerquistas e os palacianos. Tal classificação se aproxima mais das complexas disputas internas, que caracterizaram o regime instalado em 1964, do que a tradicional divisão entre "duros" e "moderados".[3]

Ademais, conforme observou Maud Chirio, ao longo do período ditatorial não houve apenas uma facção da "linha dura". O "regime dos generais" de quatro estrelas do Exército, consolidado em 1969, caracterizou-se por uma dinâmica política calcada na ambiguidade de diversos discursos de legitimação utilizados ao sabor dos desafios por grupos da elite militar, do oficialato intermediário, de membros dos órgãos de informação e segurança e de grupos paramilitares.[4]

Por fim, cabe considerar que a despeito dos esforços empenhados pela CNV e seus limites, prevaleceu na condução de seus trabalhos a sistematização de dados já disponíveis sobre a ditadura. Observa-se no Brasil, portanto, a permanência de importantes lacunas nas articulações entre o passado e o presente, no que tange ao legado da ditadura e à memória daqueles que a ela se opuseram. Não obstante, algumas Comissões da Verdade espalhadas pelo país con-

---

3 Cf. Martins Filho, João Roberto. *O palácio e a caserna: a dinâmica militar das crises políticas na ditadura (1964-1969).* São Paulo, Ufscar, 1995, p.116-122.

4 Cf. Chirio, Maud. *A política nos quartéis: revoltas e protestos de oficiais na ditadura militar brasileira.* Rio de Janeiro, Zahar, 2012, p.94-95, 164, 196-197.

tinuam trabalhando para estabeler a apuração dos fatos e o registro das memórias do período. Panorama que valoriza a iniciativa de publicar pesquisas que avancem nesse sentido.

Este é um livro de intervenção, feito no calor da hora. Ele surge no momento em que as relações das empresas e multinacionais com as ditaduras latino-americanas estão em evidência na Argentina, no Brasil e até na Alemanha. Esta obra é uma corajosa contribuição para a desconstrução de narrativas tradicionais sobre a história brasileira. Ela nos propõe, por meio do exemplo, a apuração das responsabilidades pelos crimes do período ditatorial e a "judicialização do passado" como formas privilegiadas, pois éticas e mais abertas ao questionamento, de construir o futuro.

Janaína de Almeida Teles[5]
Novembro de 2015

---

5 Pós-doutora em História Social pela Universidade de São Paulo, autora do livro *Os herdeiros da memória: a luta dos familiares de mortos e desaparecidos políticos no Brasil*. São Paulo, Alameda (no prelo), entre outros, e de diversos artigos acadêmicos.

Introdução: sem improviso

Vitor Sion / Joana Monteleone / Haroldo Ceravolo Sereza / Felipe Amorim / Rodolfo Machado

Passadas mais de cinco décadas da saída das tropas mineiras que dariam o golpe civil-militar contra o presidente João Goulart (1919-1976) no dia dos tolos, o 1º de abril, o Brasil tem motivos para comemorar. O trabalho concreto e também simbólico da Comissão Nacional da Verdade (CNV) e de outros inúmeros grupos de investigação criados pelo país atraiu atenção sobre o tema e abriu a caixa de pandora do regime de exceção.

Versões do golpe e de suas consequências, cultivadas pela história oficial da ditadura e de seus aliados, foram colocadas em xeque, e o desejo de compreender a fundo o passado e reprocessá-lo num ambiente democrático venceu o medo de que o questionamento de leis e narrativas supostamente "pacificadoras", impostas por quem empunhava de fato as armas, pudesse colocar em risco o presente histórico brasileiro. Escavar a história, meter o dedo na ferida e aprender com o passado mobilizam não apenas os velhos combatentes, armados ou não, que sobreviveram ao arbítrio e ao tempo, mas também jovens nascidos e educados depois do fim do regime.

Assim, já não faz o menor sentido imaginar que o golpe foi decorrência da impetuosidade do general mineiro Olympio Mourão Filho (1890-1972), muito menos de que foi coisa totalmente improvisada. Essa hipótese, já descartada por uma série de documentos, era muito conveniente para ocultar a atuação dos empresários contrários às Reformas de Base, os quais se articularam com militares por meio de diversas instituições, como o Instituto de Pesquisas e Estudos Sociais (Ipês), o Instituto Brasileiro de Ação Democrática (Ibad), o Grupo Permanente de Mobilização Industrial da Federação das Indústrias de São Paulo (GPMI da Fiesp) e a Escola Superior de Guerra (ESG).

De fato, como recordam alguns importantes atores e analistas políticos da época, mesmo os que sobrevalorizam o papel de Mourão, como o professor e jornalista Oliveiros S. Ferreira, a ideia dos conspiradores era tomar o poder no início de abril. A antecipação da tentativa de derrubar Jango gerou alguns constrangimentos, como o fato de um dos futuros presidentes do regime, Arthur da Costa e Silva (1899-1969), ter sido comunicado da deflagração do movimento quando estava de pijama. E de a ação não ter esperado a chegada dos navios norte-americanos que já haviam partido da América Central em suporte aos golpistas.

No entanto, os dois anos e meio que separaram a renúncia de Jânio Quadros (1917-1992) do golpe contra Goulart foram suficientes para a consolidação do elo entre as Forças Armadas e a elite econômica e a consequente preparação para a tomada da Presidência. Além disso, conforme ficou provado em uma sequência de documentos desclassificados nos últimos anos, os Estados Unidos também respaldavam a ação golpista, tendo inclusive iniciado a chamada "Operação Brother Sam", que consistia no envio de tropas, porta-aviões, munições e armas leves.

As forças norte-americanas não precisaram atuar, pois Jango e seus aliados não resistiram. De qualquer maneira, a estratégia para o golpe já estava montada, armas haviam sido compradas e os quartéis reequipados com dinheiro público e privado não contabilizado. Há inúmeros relatos de civis e militares que põem por terra qualquer tentativa de responsabilizar Jango pelo caos e de imaginá-lo absolutamente impopular: apesar da inflação e dos problemas econômicos que seu governo enfrentava, foi preciso muito dinheiro e propaganda antissindicalista e anticomunista — organizada não só pelos grandes jornais, mas também por agências de publicidade e de relações públicas regiamente remuneradas, um fato ainda pouco estudado — para levar as mulheres e "o povo" às ruas em defesa "da família", "de Deus" e "da liberdade".

Mas não só o golpe foi cuidadosamente preparado. Entre 1961 e 1964, os diversos "think tanks" que patrocinavam a desestabilização e apoiavam a derrubada do governo legitimamente instituído realizaram uma série de eventos de debate de conjuntura — no II Exército, em São

Paulo, na ESG, no Rio, e nas universidades. Esses encontros, boa parte deles capitaneados por civis, debatiam de medidas econômicas a reformas sociais, e transformaram-se numa espécie de programa de governo do novo regime chefiado por marechais e generais.

Assim, cai por terra a segunda versão que alguns insistem em repetir: a de que "os militares não sabiam o que fazer quando chegaram ao poder". Havia, sim, um claro modelo de desenvolvimento e segurança nacional a ser implementado, seguindo as diretrizes desejadas por Washington, que pressionou, contra a vontade de Mourão Filho e de muitos militares, para que o primeiro presidente do novo regime fosse Humberto de Alencar Castello Branco (1900-1967), e não Costa e Silva.

Os economistas e executivos de grandes empresas que participaram dos institutos anti-Jango assumiram, rapidamente, postos de comando nos mais diversos escalões do governo.

A linha de frente do empresariado no governo de Castello Branco era composta pelo ex-embaixador em Washington Roberto Campos (1917-2001), que se tornou ministro do Planejamento, e por Octavio Gouveia de Bulhões (1906-1990), que assumiu a Fazenda.

A receita básica era atrair novamente investimentos do exterior e tentar controlar a inflação, mesmo que isso significasse achatamento dos salários e maior desigualdade social. Essa estratégia foi explicitada por Campos durante uma reunião do Conselho de Segurança Nacional em 24 de outubro de 1966, quando ele compara a situação do Brasil à do Chile:

> O Chile fez bastante mais progresso no sentido
> de atividades sociais. Adotou uma política sala-
> rial mais generosa e fez investimentos maiores
> em habitação. Entretanto atingiu esses objetivos
> com uma dependência muito maior do auxílio
> externo e uma taxa de investimentos internos
> menor do que o Brasil. Em outras palavras, o
> Chile seguiu uma orientação mais humanitária.
> [...] O Brasil seguiu uma orientação mais austera
> e desenvolvimentista; quer dizer, tributar mais
> e deslocar os recursos para investimentos gov-
> ernamentais (BRASIL, 1966, p. 19).

Apesar de ter sido a justificativa do golpe e uma de suas mais propaladas missões, a inflação anual nunca ficou abaixo de dois dígitos, algo que apenas os governos de Fernando Henrique Cardoso, Luiz Inácio Lula da Silva e Dilma Rousseff, todos eleitos pelo voto direto, viriam a alcançar.

O empresariado ocupou posições de destaque não só nos ministérios, mas também em estatais. O engenheiro ipesiano Octavio Marcondes Ferraz (1896-1990), por exemplo, assumiu o importante cargo de presidente da Eletrobrás. À frente dessa companhia, ele conduziu as negociações para a compra e a estatização da Amforp (The American & Foreign Power Company). O tema era fundamental para o governo dos Estados Unidos e foi discutido pelo presidente norte-americano John Kennedy com Jango durante a visita do brasileiro à América do Norte, em abril de 1962.

Menos de cinco meses depois do golpe, o Conselho de Segurança Nacional se reuniria para discutir exclusivamente a compra da Amforp. O valor pago, de 135 milhões de dólares à época (atualizados pela inflação norte-americana, pouco mais de US$ 1 bilhão), resultou, em 1964 mesmo, num dos primeiros pontos de atrito entre os próprios golpistas — os governadores do Rio, Carlos Lacerda (1914-1977), e de Minas, Magalhães Pinto (1909-1996), opunham-se ao negócio. E tornou-se um dos primeiros de muitos casos de negócios nebulosos realizados pelo novo regime.

Repressão

A estrutura de repressão desenvolvida pelo Estado também não foi ocasional. A preparação do golpe previa até meses de combate, e os recursos arrecadados — sobretudo por Júlio de Mesquita Filho (1892-1969), do grupo Estado, e Adhemar de Barros (1901-1969), governador de São Paulo — financiaram a compra de armas para uma eventual guerra civil.

A militarização do Estado brasileiro a partir de 1964 tinha também um componente civil — militares e empresários se irmanaram sob o conceito de "mobilização industrial", ou seja, a preparação da indústria para um eventual conflito armado.

Isso fica claro com a institucionalização do GPMI da Fiesp, grupo formado por executivos e representantes das Forças Armadas, ainda no mês de abril. O GPMI conduziria, posteriormente, durante todo o regime militar, a política de desenvolvimento de uma indústria bélica nacional e de informação sobre as indústrias civis que poderiam ser adaptadas para a fabricação de material militar em casos de confronto.

Também foram os empresários que financiaram, com recursos extraorçamentários, os primeiros momentos da "guerra" contra a esquerda. Institucionalmente, essa repressão foi facilitada pelo AI-5, oficializado em dezembro de 1968. Esse episódio, aliás, também costumava ser narrado como uma reação à resistência dos parlamentares em cassar o deputado oposicionista Márcio Moreira Alves (1936-2009), do Movimento Democrático Brasileiro[1] (MDB). O que se sabe, hoje, é que a votação no Congresso foi no máximo uma boa justificativa para um debate que já era travado em reuniões do Conselho de Segurança Nacional desde julho — ou seja, nada de improviso e, mais importante que isso, mostra que a radicalização da ditadura nasce primeiro como resposta às pacíficas manifestações de rua de 1968, e não como um "plano de guerra" contra a esquerda armada.

Da mesma forma, a repressão intensificada cumpriu um papel econômico. Nas palavras de Rosa Cardoso, integrante da CNV, "as violações aos mais básicos direitos civis e políticos ocorridas na ditadura militar estão relacionadas ao arrocho salarial". O "terror de Estado" contribuiu para ampliar a exploração da força de trabalho nacional, favorecendo a redução do custo do trabalho e a acumulação dos grandes capitalistas. No "milagre brasileiro", o bolo cresceu, mas a fome aumentou, pois ele não foi dividido — para lembrar uma frase tristemente célebre do ministro Antonio Delfim

---

1 Com o sistema bipartidarista instituído pela ditadura militar, o MDB representava a oposição consentida, em oposição à governista Aliança Renovadora Nacional (Arena).

Netto, que respondia pela pasta da Fazenda dos governos de Costa e Silva e Emílio Garrastazu Médici (1905-1985).

Havia, assim, um ganho indireto do setor empresarial com a repressão, e não por acaso todos os indícios apontam que ela foi financiada, num primeiro momento, não com verbas do Estado, mas com outra "caixinha", em que se destacaram as figuras do dinamarquês Henning Boilesen (1916-1971), presidente da Ultragaz, e Gastão Bueno Vidigal (1929-2001), do Banco Mercantil de São Paulo.

Como explica Fernando Henrique Cardoso no documentário *Cidadão Boilesen*, pedia-se dinheiro ao empresariado não porque o Estado não tivesse como arcar com as despesas, mas porque esse dinheiro selava a aliança entre as duas partes. A relação entre o empresariado e o governo militar completava, assim, o ciclo de trocas que atendia aos interesses dos dois setores aliados. Os executivos ganhavam cargos e facilidades para seus negócios, enquanto as Forças Armadas tinham carta branca para tocar o modelo de desenvolvimento avalizado por Washington e escolher os homens que governariam o país.

Sucessões

Apesar de uma narrativa frequente da história do regime civil-militar fazer uma divisão dos militares entre a "linha dura" (que teria feito os presidentes Costa e Silva e Médici) e a "Sorbonne" (em que se destacaram os nomes de Castello Branco e Ernesto Geisel [1907-1996], além de seu assessor e homem forte Golbery do Couto e Silva [1911-1987], inicialmente mais próximos do empresariado), as sucessões eram discutidas e planejadas com antecedência, conforme indica um diálogo que o ex-governador de São Paulo Paulo Egydio Martins diz ter tido com o general Carlos de Meira Mattos (1913-2007).

Segundo as memórias de Paulo Egydio, Meira Mattos afirmou: "Paulo, saiu por aí que você podia ser um dos candidatos à sucessão do Geisel". E Paulo Egydio respondeu: "Que saiu por aí eu sei. Saiu até no livro do Elio Gaspari. Mas tenho certeza de que isso foi para jogar areia nos olhos da oposição. Jamais haveria um sucessor civil no regime militar. Não havia hipótese de isso acontecer". Meira Mattos, então, concordou: "Ainda bem que você está com o pé no chão. Porque fique sabendo que João Baptista de Oliveira Figueiredo [1918-1999] foi escolhido para ser sucessor do Geisel antes que Geisel assumisse como presidente da República".

Fica, assim, cada vez mais claro, que o golpe de Estado de 1964 foi planejado por conspiradores civis e militares que estavam insatisfeitos com o governo de Jango, sob a histérica bandeira do anticomunismo típico da Guerra Fria. Nos 21 anos em que ficaram no poder, suas ações seguiram uma lógica já expressa nos primeiros dias.

Os principais objetivos do regime, inclusive os econômicos, no entanto, fracassaram, e as sucessivas derrotas eleitorais demonstram que os militares foram muito mais impopulares do que era Jango. A saída por uma transição "lenta, gradual e segura" liderada por Geisel mostra, no entanto, como o controle das armas permitiu que, mesmo rejeitada, a ditadura militar impusesse seu planejamento econômico e modelo de (in)segurança pública.

Ter clareza desse processo histórico é fundamental para que os brasileiros decidam, presentemente, o que fazer: aceitar que sequestradores, torturadores e usurpadores do Estado democrático permaneçam intocados ou que respondam, política e juridicamente, pelo mal que fizeram ao país.

ANTES DO GOLPE

O Ipês

Felipe Amorim / Rodolfo Machado

Conhecido por influenciar a opinião pública brasileira antes do golpe de 1964, o Instituto de Pesquisas e Estudos Sociais, ou Ipês, fundado em 1961 por altos empresários brasileiros, fez muito mais do que imprimir panfletos, editar livros e veicular propaganda para desestabilizar o governo de esquerda do presidente João Goulart. A ação foi bem mais direta do que se pode imaginar: entre 1961 e 1964, período de alta instabilidade política no Brasil, o Ipês atuou energicamente em Brasília, dentro do Congresso Nacional. Trabalhava como emissário ipesiano um poderoso banqueiro carioca responsável por operacionalizar no coração do Poder Legislativo o pesado lobby do instituto, cujo financiamento era sustentado por doações de grandes empresas brasileiras e multinacionais aqui instaladas. Sua função era clara: coordenar uma rede suprapartidária de parlamentares arregimentados pelo Ipês para barrar os projetos do governo no Congresso. Dessa forma, Jango se veria cada vez mais isolado na cena política nacional, criando um clima de instabilidade que o levaria a radicalizar o discurso e a ação.

O braço do Ipês no Congresso Nacional se chamava Grupo de Assessoria Parlamentar (GAP). Conforme identificam historiadores que se debruçaram sobre o período, com especial atenção para o caráter civil-empresarial do movimento golpista, o GAP — ou "Escritório de Brasília", como a diretoria ipesiana, preocupada com a discrição, recomendava que fosse chamado — desempenhava a coordenação política da campanha anti-Jango. Sua liderança era exercida por meio da Ação Democrática Parlamentar (ADP), uma frente suprapartidária constituída basicamente de deputados da União Democrática Nacional (UDN), de direita, e do Partido Social Democrático (PSD), de centro-direita. A atuação dessas instituições, capitaneadas pelo Ipês, foi marcante no Congresso Nacional. O próprio líder ipesiano do Escritório de Brasília reconhecia que a ADP "era o braço principal" do Ipês, responsável por fazer "bastante lobby" entre os parlamentares.

O historiador da Unisinos (Universidade do Vale do Rio dos Sinos) Hernán Ramiro Ramírez classifica como "vital" a atuação ipesiana do GAP na desestabilização do governo Jango. Em sua tese de doutorado (*Os institutos econômicos de organizações empresariais e sua relação com o Estado em perspectiva comparada: Argentina e Brasil, 1961-1966*), Ramírez analisa com profundidade a atuação do Ipês no Brasil. Outro que vê no GAP papel relevante no processo de deposição de Goulart é o historiador e cientista político uruguaio René Armand Dreifuss (1945-2003). Em seu livro *1964: A conquista do Estado*,[1] atesta:

> O Ipês, através da ADP, forçava a um "beco sem saída parlamentar", bem como a um "ponto morto" executivo, que só poderia ser solucionado pelo poder "moderador" das intensamente aliciadas Forças Armadas (DREIFUSS, 1981, p. 191).

Leia abaixo mais sobre esta atuação extraoficial do Ipês — instituto fundado, no papel, para defender a "democracia", a livre iniciativa e a economia de mercado. Saiba quais foram suas principais estratégias, os nomes de maior relevância e como efetivamente se deu a prática do Escritório de Brasília ipesiano nos corredores do Poder Legislativo.

Como funcionava

A ideia, conforme explica Miguel Lins, líder ipesiano citado por Dreifuss, era "aconselhar o Congresso, estar dentro dele, ter um homem do Ipês dentro dele". Enquanto outros grupos especializados do Ipês discutiam a conjuntura política do Brasil, unindo figuras militares e empresariais, o GAP utilizava toda essa gama de informações produzidas e coletadas para antecipar manobras no Legislativo e fazer prevalecer os interesses do Ipês. Assim, por meio da ADP — que tinha pouco mais de 150 dos 409 deputados

---

[1] A obra do historiador uruguaio R. A. Dreifuss, intitulada *1964: A conquista do Estado. Ação política, poder e golpe de classe*, publicada no Brasil em 1981 pela Editora Vozes, originou-se de tese apresentada na Universidade de Glasgow, Escócia, em 1980, com o seguinte título em inglês: *State, class and the organic elite: the formation of an entrepreneurial order in Brazil (1961-1965)*.

da Câmara em outubro de 1961 —, o Escritório de Brasília conseguia alterar projetos enviados ao Congresso pelo Executivo e fazer aprovar aqueles que o instituto patrocinava. Faziam parte da estrutura do GAP um escritório político e assessores formais. Seus recursos vinham tanto da sede do Ipês no Rio de Janeiro quanto da de São Paulo.

Eles sabiam que era ilícito?

Citando material do próprio Ipês, Dreifuss aponta que não faltam documentos indicando as inúmeras tentativas de manter essas incursões do instituto na cena política "no maior sigilo possível". Por esse motivo — discrição —, uma carta da diretoria do Ipês de dezembro de 1962 ditava a seus membros as seguintes diretrizes: "Toda menção ao GAP deve ser suprimida. Talvez deva-se falar em termos de Escritório de Brasília, sem mais explicações" (DREIFUSS, 1981, p. 190).

Este cuidado por parte do Ipês indica que suas lideranças estavam cientes de que essa relação direta do Instituto com a classe política era, no mínimo, malvista — para não dizer ilegal. Não se sabe ao certo de que maneira o Ipês, por meio do GAP, assegurava a lealdade dos parlamentares arregimentados pela ADP, mas Ramírez escreve que o instituto "patrocinava e até certo ponto controlava" os deputados da ADP.

Quem atuava

O homem forte do Ipês em Brasília era o banqueiro Jorge Oscar de Mello Flores (1912-2000). Além de ipesiano graúdo e diretor da Sul-América Seguros, o banqueiro do Chase Manhattan Bank foi nome de relevância no setor de seguros privados do Brasil. Ajudou a fundar na década de 1940 a Fundação Getúlio Vargas (FGV) e, mais tarde, a Consultec (Companhia Sul-Americana de Administração e Estudos Técnicos), firma idealizada por Roberto Campos que emitia pareceres sobre solicitações de empréstimos de empresas estrangeiras perante o Banco Nacional de Desenvolvimento Econômico (BNDE). No GAP, Mello Flores era assessorado pelo escritor Rubem Fonseca. Como o próprio Mello Flores relata, seus principais contatos no Parlamento eram os deputados João Mendes/UDN-BA (1932-2006), presidente da ADP; Herbert Levy/UDN-SP (1911-2002), presidente da UDN; Ernâni do Amaral Peixoto/PSD-RJ (1905-1989) e Antônio Carlos Magalhães/UDN-BA (1927-2007), um "baiano que ajudava muito", nas palavras dele.

Também em Brasília, quem atuava em função semelhante — porém mais aberta — no Legislativo era o integralista Ivan Hasslocher, que chefiava o Instituto Brasileiro de Ação Democrática (Ibad). Hasslocher manejou vultosos fundos na campanha eleitoral de 1962, promovendo os candidatos da ala conservadora junto a rádios, jornais, revistas e emissoras de TV por todo o país. A relação entre Ipês e Ibad era bem próxima; as instituições compartilhavam ideais, objetivos e métodos de ação. O pleito de 1962 foi o momento de convívio mais intenso entre os institutos; o Ibad, porém, teve atuação mais descarada do que o Ipês, cuja diretoria era bem mais preocupada com a discrição das ações.

Em termos práticos, o que fizeram?

Toda a pressão e os esforços ipesianos no Congresso Nacional tiveram alguns resultados concretos, impactando no cenário político pré-64.

Veto a San Tiago Dantas

No dia 28 de junho de 1962, 174 deputados federais votaram para barrar a nomeação do então chanceler, San Tiago Dantas (1911-1964), ao cargo de primeiro-ministro, após a saída do pessedista Tancredo Neves (1910-1985). Desde a renúncia do presidente Jânio Quadros, em agosto do ano anterior, as forças políticas legalistas costuraram um acordo instituindo o parlamentarismo no Brasil, o que diminuía os poderes da Presidência, mas assegurava a posse do vice, João Goulart. Quando Tancredo Neves renunciou, em maio de 1962, San Tiago Dantas era o nome natural à sucessão.

A partir daí, conforme relata Dreifuss, o ipesiano Jorge Oscar de Mello Flores deu início a uma forte campanha no Congresso contra o líder do PTB. Acontece que Dantas representava a ala mais moderada dentro da legenda trabalhista — opondo-se à ala esquerdista capitaneada por Leonel Brizola (1922-2004). Dessa maneira, San Tiago Dantas era um nome bem recebido tanto pela centro-esquerda, quanto por certa parcela do empresariado.

Como escreveu o historiador uruguaio: "Esse político representava a última possibilidade de formação de um governo consensual liderado pela burguesia e sua rejeição representou, de fato, a rejeição pelas classes dominantes de uma composição com o trabalhismo" (DREI-FUSS, 1981, p. 323).

É importante notar, contudo, que os esforços do Ipês não foram a única causa da derrota de San Tiago. O próprio Jango não esteve lá muito empenhado na campanha de seu correligionário. O que ele queria era a antecipação do plebiscito que restituísse seus plenos poderes presidenciais, acabando com o parlamentarismo — o que de fato aconteceria em janeiro de 1963.

Reformas de Base

As chamadas "Reformas de Base" eram a principal bandeira política de Goulart. Sob esse guarda-chuva estavam profundas mudanças nos sistemas bancário, fiscal, urbano, administrativo, agrário e universitário; todas com o objetivo de produzir avanços sociais e reduzir a desigualdade no país. O Ipês, representante das forças conservadoras, era firmemente contrário a essas mudanças, dando início a uma forte campanha para frear o avanço da proposta janguista.

Se João Goulart tinha um plano de governo, o Ipês também possuía o seu próprio. E fez de tudo para impô-lo: o instituto dividiu-se em comissões, setorizou as áreas temáticas, realizou grandes seminários, encomendou estudos e publicou incontáveis artigos em jornais para mobilizar a opinião pública. E também contra-atacou com o Escritório de Brasília: "por volta de março de 1963, o Ipês havia submetido à análise do Congresso 24 projetos de lei" sobre o tema, segundo Hernán Ramírez.

Na ocasião, uma carta do chefe do GAP, Jorge Oscar de Mello Flores, ao líder ipesiano Glycon de Paiva evidencia os esforços do grupo no Legislativo:

> Se for reforçada a organização em Brasília, poderei ativar a elaboração dos projetos de lei consubstanciando as reformas de base. (...) As vantagens [de agir assim] são: fazer passar à defensiva os esquerdistas, petebistas e demagogos, reduzindo suas possibilidades de engendrarem e apresentarem projetos contra o País (DREIFUSS, 1981, p. 322).

Eleições de outubro de 1962

Em outubro de 1962, foram realizadas no Brasil as últimas eleições democráticas antes do golpe que instaurou a ditadura militar. O pleito pôs em jogo no país a totalidade das 409 cadeiras da Câmara dos Deputados, e mais dois terços do Senado Federal, 11 governos e inúmeros deputados estaduais, prefeitos e vereadores. Conforme assinala Hernán Ramírez, a rede composta por Ipês/Ibad apoiou 250 candidatos a deputado federal, 600 parlamentares estaduais e oito concorrentes a governos estaduais, sobretudo em Pernambuco, onde era grande o empenho para derrotar Miguel Arraes (1916-2005).

Como aponta Rení Dreifuss, "em troca de favores, os candidatos eram declaradamente compelidos a assinar um compromisso ideológico através do qual eles prometiam sua lealdade ao Ibad acima da lealdade a seu partido e que os comprometia a lutar contra o comunismo e defender o investimento estrangeiro; assim como ligar-se à ADP" (DREIFUSS, 1981, p. 219).

A ação mais ostensiva de campanha política era feita por Ivan Hasslocher no Ibad, utilizando-se de altas somas de dinheiro vindo de doações empresariais e estrangeiras, como o próprio embaixador norte-americano Lincoln Gordon (1913-2009) confirmaria posteriormente, em entrevista de 1977 à revista *Veja*: "Havia um teto por candidato. O dinheiro era para comprar tempo no rádio, imprimir cartazes. E você pode estar certo de que eram recebidos muito mais pedidos do que podíamos atender".

Embora tenha negado em depoimento concedido ao Centro de Pesquisa e Documentação de História Contemporânea do Brasil (CPDOC/FGV), na década de 1990, Jorge Oscar de Mello Flores foi incumbido pelo Ipês de atuar nas eleições. Em atas de reuniões do instituto, o banqueiro aparece compartilhando com colegas ipesianos seu temor pela sua exposição pública. Ele acreditava que talvez tivesse que se desligar do Ipês para preservar sua discrição, razão pela qual disse que precisava de uma sala para atuar fora do espaço físico do Congresso Nacional.

Ponderando as candidaturas das diversas regiões do país no pleito de outubro de 1962, Mello Flores fixou como uma "média sensata" a quantia de 15 milhões de cruzeiros "per capita" (mais de R$ 50 mil, em valores atualizados).

Embora não tivessem sido poucos os esforços de toda a rede empresarial do Ipês/Ibad para financiar as campanhas, o resultado do pleito de outubro ficou bem abaixo do esperado — o que teria, segundo Ramírez, aproximado as forças conservadoras das alternativas políticas mais "antidemocráticas", dando início à conspiração. De acordo com a pesquisadora Dulce Pandolfi, em breve artigo para o site do CPDOC/FGV, o pleito de 1962 modificaria profundamente a correlação de forças no Congresso:

> O PSD manteve a sua tradicional posição de maior partido, porém o PTB, o partido do presidente, foi o mais votado e passou a ocupar o segundo lugar, suplantando a UDN. Se antes havia uma polarização entre o PSD e a UDN, depois de 1962 ocorreu uma redefinição das alianças e uma maior fragmentação do sistema partidário. Para barrar as reformas, sobretudo a agrária, setores importantes do PSD, por exemplo, alinharam-se à UDN.

Conforme explica Ramírez, a quantia gasta por essa rede civil-empresarial foi tamanha — cifra que, para ele, pode ter beirado os US$ 20 milhões — que "levantou suspeita geral quanto à nacionalidade e aos objetivos políticos dessas contribuições". No ano seguinte, seria criada no Congresso uma CPI (Comissão Parlamentar de Inquérito) para investigar as origens desse montante de doações insuspeitas.[2]

---

2   "A CPI conseguiu descobrir que recursos do Ibad eram de origem transnacional, que nas eleições de outubro de 1962 haviam sido gastos não menos de 5 e mesmo até 20 bilhões de cruzeiros e que o Ibad, a Adep, a ADP e a Promotion S.A., sem a menor sombra de dúvida, eram interligadas. Mas a CPI não foi capaz de evidenciar a ligação entre o Ipes e o Ibad. Como consequência das investigações, o governo determinou a dissolução do Ibad. Ivan Hasslocher foi para Genebra, deixando o Brasil" (DREIFUSS, 1981, p. 227)

As autoridades não detectaram as atividades?

A partir do momento em que parte do Congresso começou a se movimentar para instaurar a CPI e investigar as doações da campanha eleitoral, foram feitas inúmeras reuniões de emergência na cúpula do complexo Ipês-Ibad com o objetivo de coordenar a estratégia jurídica de defesa dos envolvidos. Ao final da CPI, apenas o Ibad seria considerado culpado de corrupção política; seu advogado, Dario de Almeida Magalhães, era integrante do Ipês.

Em setembro de 1963, resultado das investigações parlamentares, o governo de Goulart determinaria a dissolução do Ibad, comprovando seu envolvimento ilegal nas eleições da Câmara. O líder do Ibad, Ivan Hasslocher, deixou o Brasil e passou a viver em Genebra. Quanto ao Ipês, porém, a CPI fracassou em estabelecer suas ligações com o Ibad, impossibilitada de quebrar o sigilo bancário de João Batista Leopoldo Figueiredo, presidente do Ipês. Primo-irmão do último presidente do ciclo militar, Figueiredo também era presidente do Banco Itaú, da Scania Wabis e de uma companhia de navegação. Perante a CPI, afirmou que "o Ipês nunca se envolvera em política partidária ou contribuíra para campanhas eleitorais".

O fracasso da CPI, segundo Dreifuss, se deu "por três motivos: por fontes financeiras comuns, pela participação de um mesmo membro nas duas organizações ou mesmo por ação conjunta". O relator da CPI, Pedro Aleixo (1901-1975), que viria a ser o vice-presidente do governo Costa e Silva (1967-1969), embora afirmasse em relatório final que "não foram encontrados vestígios da participação do Ipês no pleito", era supostamente articulado com a rede Ibad. Porém, conforme pesquisa do historiador uruguaio, "o próprio Hasslocher era membro do Ipês". Suas ligações eram tão fortes que levaram Mello Flores a comentar que "o Ipês havia meramente se aglutinado ao Ibad". Dessa forma, conclui Dreifuss, "o Ipês, é bem claro, levava uma vida dupla, tanto política quanto financeiramente" (DREIFUSS, 1981, p. 208).

As mulheres golpistas

Felipe Amorim / Rodolfo Machado

Em 19 de março de 1964, foi realizada na cidade de São Paulo a "Marcha da Família com Deus pela Liberdade". Estima-se que entre 500 mil e 800 mil pessoas partiram às 16h da Praça da República em direção à Praça da Sé, no centro, manifestando-se em resposta ao emblemático comício de João Goulart, seis dias antes, defendendo suas Reformas de Base na Central do Brasil.

Passaram à história como as genuínas idealizadoras e promotoras da marcha organizações femininas e mulheres da classe média paulistana. No entanto, por trás deste aparente protagonismo feminino às vésperas do golpe que deu lugar a 21 anos de regime ditatorial, esconde-se um poderoso aparato financeiro e logístico conduzido por civis e militares que tramavam contra Jango. Um detalhe: quase todos eram homens.

Certamente, a atuação de alguns grupos femininos como "pontas-de-lança" da opinião pública contra o governo Goulart foi peça-chave na conspiração levada a cabo pelo complexo empresarial-militar do Ipês-Ibad. Destas instituições femininas, as principais eram: a carioca Campanha da Mulher pela Democracia (CAMDE) e as paulistas União Cívica Feminina (UCF) e Movimento de Arregimentação Feminina (MAF).

Conforme disseca a historiadora Solange Simões em seu livro *Deus, pátria e família: As mulheres no golpe de 1964*, a inserção das mulheres na conspiração que resultou no golpe foi estratégica. Com o intuito de fomentar uma atmosfera de desestabilização política e convencer as Forças Armadas a intervirem, as campanhas femininas buscavam dar "espontaneidade" e "legitimidade" ao golpismo, tendo sido as mulheres incumbidas — pelos homens — de influenciar a população.

"Aqueles homens, empresários, políticos ou padres apelavam às mulheres não enquanto cidadãs, mas enquanto figuras ideológicas santificadas como mães", escreve a pesquisadora. A própria dona Eudóxia, uma das lideranças femininas, reconhece, em entrevista à historiadora, sua função tática:

> Nós sabíamos que como nós estávamos incumbidas da opinião pública, os militares estavam à espera do amadurecimento da opinião pública. Porque sem isso eles não agiriam de maneira nenhuma. A não ser que a opinião pública pedisse. E foi isso que nós conseguimos.

Graças a uma bem-sucedida ação, eventos considerados aparentemente "desconexos" foram tomados como "reações espontâneas" de segmentos da população. Na verdade, essas manifestações apresentavam uma sólida coordenação por parte da elite.

A seguir, os principais aspectos desse movimento feminino que esteve à frente da "Marcha da Família com Deus pela Liberdade" de 19 de março de 1964.

Como surgiu e quem o liderava?

Quem eram, afinal, essas mulheres que despontavam na rua, em passeatas e comícios, como "donas de casa" e "mães de família brasileiras", envolvidas na conspiração civil-militar? Já chamadas de "guerrilheiras perfumadas" ou confundidas com mulheres "das classes médias", as direções dos movimentos eram constituídas, essencialmente, por mulheres com baixa formação intelectual da burguesia e das elites militares e tecnoempresariais.

Essa ala feminina do golpe foi criada meses antes das eleições gerais de outubro de 1962. Suas principais líderes eram parentes próximas dos grandes nomes do setor empresarial e militar envolvidos na conspiração. Contaram, obviamente, com todo o aparato financeiro e logístico de seus cônjuges, primos e irmãos para erguer suas instituições. "O meu marido me incentivava: 'Eu ajudo no que precisar', dizia ele", relembra, em entrevista concedida a Solange Simões, a vice-presidente da CAMDE, Eudóxia Ribeiro Dantas, mulher de José Bento Ribeiro Dantas, empresário ipesiano presidente da Cruzeiro do Sul, uma das maiores companhias aéreas do país.

Do lado carioca, por exemplo, a CAMDE foi criada por Amélia Molina Bastos, irmã do general Antônio de Mendonça Molina, do setor de informação e contrainformação do Ipês. A ideia partiu declaradamente do vigário de Ipanema, Leovigildo Balestieri, e dos líderes ipesianos Glycon de Paiva, engenheiro, e general Golbery do Couto e Silva. A CAMDE foi lançada no auditório do jornal *O Globo*, no Rio, oferecido por seu diretor-proprietário, Roberto Marinho (1904-2003). Na manhã do dia 12 de julho de 1962, o periódico carioca estampava na capa: "A Mulher Brasileira está nas Trincheiras".

Já em São Paulo, nas reuniões de fundação da UCF, compareceram figuras como: Antonieta Pellegrini, irmã de Júlio de Mesquita Filho, diretor-proprietário do jornal *O Estado de S. Paulo*, e Regina Figueiredo da Silveira, primeira presidente da UCF e irmã do banqueiro João Baptista Leopoldo Figueiredo, presidente do Ipês e primo do último presidente do ciclo militar, como mencionamos.

Em termos práticos, o que fizeram?

Desde sua fundação, a CAMDE carioca e a UCF paulista se engajaram na ação política de combate e desestabilização do governo Goulart, orientadas ideológica e materialmente pelo complexo Ipês-Ibad.

Em 1962, as mulheres organizaram uma "Caravana a Brasília" com o objetivo de formar um efetivo "coro popular" para impedir a posse de San Tiago Dantas como

À ESPERA DA VERDADE

primeiro-ministro. Esse movimento integrava parte da política de rejeição, pela elite, de uma composição com a ala moderada do trabalhismo. Para tanto, entregaram ao presidente da Câmara, Ranieri Mazzilli (1910-1975), 60 mil cartas pedindo a não aprovação do plebiscito antecipado, bem como o impedimento da delegação de poderes ao conselho de ministros, fundamental à continuidade das Reformas de Base do governo Goulart.

Um dos poucos jornais que se atreveram a criticar a tentativa de deturpar o processo eleitoral por parte dessas organizações femininas, o *Última* Hora, de Samuel Wainer (1910-1980), foi sistematicamente perseguido pela CAMDE e pela UCF. Caracterizando o periódico como "o diário da guerra revolucionária que se travava no Brasil", as senhoras passaram a formar comissões de visitas a empresários, industriais e comerciantes que anunciavam no jornal, pedindo para que suas verbas publicitárias fossem suspensas. A coordenação dessa campanha de boicote foi feita em grande parte em sincronia com o Ibad, liderado por Ivan Hasslocher, outra figura central na campanha anti-Jango, como já vimos.

Logo após o discurso de Goulart na Central do Brasil, em 13 de março de 1964, a CAMDE se engajou em campanhas por telefone, incitando as mulheres a permanecerem em casa e acenderem velas em suas janelas como sinal de protesto e fé cristã. A massiva "Cruzada do Rosário em Família", do padre norte-americano Patrick Peyton, pároco de Hollywood, foi o ensaio-geral para as marchas anticomunistas de abril e março de 1964, fundadas no lema "A família que reza unida permanece unida".

Seis dias depois do comício de Jango, em 19 de março, data em que se comemora o dia de São José, padroeiro da família, a "Marcha da Família com Deus pela Liberdade" de São Paulo coroou os esforços das associações femininas orientadas pelo Ipês.

A idealização da marcha partiu do deputado federal Antônio Sílvio Cunha Bueno (1918-1981), do PSD-SP, um grande proprietário de terras e diretor da norte-americana Willys-Overland Motors do Brasil, cuja matriz ficou famosa pela fabricação, em parceria com a Ford, do jipe usado pelos norte-americanos na Segunda Guerra Mundial. Diferentemente da propagandeada supervalorização do papel dessas mulheres na condução dos protestos, a organização da marcha não ficou a cargo nem da UCF nem do MAF, ambas entidades sediadas em São Paulo. Quem levou o evento adiante foi o próprio Cunha Bueno, além de outros políticos paulistas, como o vice-governador Laudo Natel, Roberto de Abreu Sodré/UDN (1917-1999) e Conceição da Costa Neves/PSD (1908-1989), deputada mais votada no estado nas eleições de 1962.

Acompanhados de suas esposas, políticos importantes se fizeram representar nas marchas: Adhemar de Barros e sua mulher, dona Leonor; além de Carlos Lacerda, governador do Rio, e dona Letícia. O deputado Herbert Levy, dono do jornal *Gazeta Mercantil*, integrante da UDN e líder do Ipês, bradava: "O povo não quer ditaduras, o povo não quer comunismo, o povo quer paz e progresso". Cunha Bueno discursava: "Todos vocês nessa praça representam a pátria em perigo de ser comunizada. Basta de Jango!".

Em São Paulo, os banqueiros Hermann Morais Barros (Itaú), Teodoro Quartim Barbosa (Comind) e Gastão Eduardo Vidigal (Banco Mercantil), líderes ipesianos do primeiro escalão, ficaram incumbidos de articular e obter a adesão das entidades de classe de todo o país para as marchas. "O Ipês de São Paulo também fez contribuições diretas e em dinheiro para o movimento feminino: consta do relatório de despesas de 1962 e do orçamento de 1963 uma contribuição mensal para a UCF", conclui a historiadora Solange Simões.

A organização logística da marcha foi feita no prédio da Sociedade Rural Brasileira, supervisionada pelo Ipês e contando com a presença de membros de diversas entidades patronais e associações industriais. No bem aparelhado quartel-general do movimento feminino fizeram-se ainda pôsteres, cartazes e bandeiras com as seguintes palavras de ordem:

Abaixo o Imperialismo Vermelho

Renúncia ou Impeachment

Reformas sim, com Russos, não

Getúlio prendia os comunistas, Jango premia os traidores comunistas

Vermelho bom, só o batom

Verde, amarelo, sem foice nem martelo

Houve protagonismo feminino?

Uma vez vitorioso o golpe de Estado de 1º de abril de 1964, foi deflagrada a chamada "Marcha da Vitória", reunindo 1 milhão de pessoas no Rio de Janeiro. Logo no dia 3 de abril, o líder do Ipês João Baptista Leopoldo Figueiredo, que estava em reunião na Guanabara na qual discutiam a escolha do "novo candidato" à Presidência, telefonou para sua irmã Regina Figueiredo Silveira, presidente da UCF. Motivo: o banqueiro primo-irmão do último presidente militar solicitava à irmã ativista que o lançamento da candidatura de Castello Branco fosse feito pela própria UCF.

Paulo Ayres Filho, outro líder ipesiano e empresário da indústria farmacêutica, ficou incumbido de elaborar, junto com uma equipe da UCF, o manifesto feminino de apoio ao marechal, levado às estações de TV e jornais pelas senhoras.

O general Olympio Mourão Filho, que marchou de Minas Gerais em 31 de março, antecipando-se ao plano dos conspiradores do eixo Rio-São Paulo, comentou, sobre as marchas das mulheres, que, "como todos os homens que participaram da revolução, nada mais fez do que executar aquilo que as mulheres pregavam nas ruas para acabar com o comunismo". O marechal Oswaldo Cordeiro de Farias (1901-1981) foi ainda mais longe, de acordo com Solange Simões, "ao afirmar que a revolução foi feita pelas mulheres".

Historiadores que estudaram o período são mais céticos: não veem a movimentação das mulheres como sintoma do engajamento universal da população brasileira no combate a Jango. Na verdade, essas mulheres teriam funcionado como massa de manobra dos conspiradores — todos homens — para criar uma sensação de "espontaneidade" e "clamor popular" apta a dar "legitimidade" ao novo governo. Simões diz que a marcha foi "ostensivamente uma manifestação das classes média e alta".

Até o embaixador dos Estados Unidos no Brasil, Lincoln Gordon, notório por seu apoio ao golpismo, percebeu a falta de apoio popular no movimento, conforme relata a Washington em um telegrama de 2 de abril de 1964: "A única nota destoante foi a evidente limitada participação das classes mais baixas na marcha". O adido militar norte--americano no Brasil, o coronel Vernon Walters, também atesta que, até a realização das passeatas, havia um receio de que o movimento para derrubar João Goulart fracassasse por falta de apoio popular.

Desferido o golpe em 1º de abril, as marchas do Rio e São Paulo foram seguidas de outras menores, organizadas pelas associações femininas em Belo Horizonte, Curitiba, Porto Alegre e Santos.

"Se antes os maridos enalteciam o papel de mãe e esposa para manter a mulher no lar e discriminadas na esfera pública, passam agora a enaltecer aquele papel para comprometê-la na 'política'", arremata Solange Simões. Assim, revelando o ilusório protagonismo vislumbrado pelo espetáculo dessas marchas de massivas mobilizações, "a 'mulher--dona-de-casa' que respeitava, no lar, a autoridade do chefe da família, deveria, enquanto mulher-cidadã procurar a autoridade do Estado — autoridade que residia principalmente no seu braço armado" (SIMÕES, 1985, p. 39).

A publicidade contra Jango

Joana Monteleone

O Ipês seria o "ovo da serpente" do golpe de 1964, sendo capaz de produzir uma notável campanha, que integrou importantes órgãos da imprensa e do entretenimento, produziu peças de teatro, programas de rádio e de TV, livros e, principalmente, 14 filmes curta-metragem que foram exaustivamente veiculados nas favelas, em sindicatos, universidades e empresas, durante os horários de almoço, em pracinhas das cidades do interior, clubes e nos cinemas da rede do empresário Severiano Ribeiro, antes da exibição dos filmes principais.
[BRASIL, 2014b, p. 307]

A agência de publicidade CommonWealth enviou, em 1964, com certo atraso, um relatório de análise da situação do país a um dos seus maiores clientes, o Instituto de

Pesquisas e Estudos Sociais, o Ipês. O conteúdo era secreto e relatores mencionavam o êxito do Projeto B. Dizia o texto:

> O Projeto B teve grande êxito sob o aspecto de relações públicas, fator que influiu junto à opinião pública no exato momento em que desencadeavam os acontecimentos dos últimos dias de março. É de se registrar a reação de forças contrárias, que contra o projeto lançaram mão de falso noticiário, anulado por nossa campanha de divulgação.

No mesmo relatório, na sessão "projetos especiais", outro trecho que mencionava o Projeto B:

> Nosso staff planejou e executou um programa de divulgação no setor da imprensa, rádio e TV de acordo com o Projeto B. Seus resultados foram bastante compensadores. Outro auxílio por nós prestado, nos termos do mesmo projeto, diz respeito aos convites a várias autoridades, trabalho que exigiu ininterrupto empenho de todo nosso pessoal de mais alto nível.

Assim, ficamos sabendo de como atuou, nos bastidores, uma poderosa máquina de divulgações das ideias contrárias ao governo João Goulart.[3] Não é segredo que o Ipês trabalhou incansavelmente desde 1961 para que se articulassem as forças que viriam a dar o golpe militar em 1º de abril de 1964. Quando o Ipês fazia contato com a agência Com-

---

3   Apesar de pouco estudadas, as doações camufladas de grandes corporações transnacionais por meio de empresas de relações públicas e de propaganda foram investigadas pela CPI de 1963 e citadas por Dreifuss (1981, p. 204).

monWealth seus escritórios ficavam na Rua Brigadeiro Luiz Antonio, 54, 16º andar, pertinho da Faculdade de Direito da USP, um prédio que abriga até hoje diversos escritórios de advogados ilustres.

Sabe-se que o instituto pagou por propagandas da agência de Jean Mazon (1915-1990), a mais importante da época, fazendo severas críticas ao governo. Sabe-se das listas de comunistas (que seriam usadas depois do golpe) elaboradas por um dos diretores do Ipês, o general Golbery do Couto e Silva, fundador, na ditadura, do Sistema Nacional de Informações (SNI). Sabe-se da ação conjunta com o Instituto Brasileiro de Ação Democrática (Ibad) para a compra de deputados nas eleições de 1962. O que não se sabia era como o Ipês se articulava com as agências de publicidade e relações públicas e com os jornais para criar um clima favorável aos golpistas. Agora, com este documento, cedido pelo Centro de Pesquisa e Documentação de História Contemporânea do Brasil da Fundação Getúlio Vargas (CPDOC/FGV), isso ficou claro.

O Ipês paulista, com o dinheiro de empresários, pagava a uma agência de publicidade e relações públicas para organizar as pautas e criar o forte clima de instabilidade contra o governo Goulart. Esta agência era a CommonWealth, situada à praça Martinico Pardo, 33, conjunto 1105, em meio às primeiras agências brasileiras de publicidade. Era uma empresa brasileira, filiada à PR International, que ficava no centro das agências norte-americanas, na Park Avenue, 445, Nova York. Seu diretor era Sebastião Annunciato, hoje nome de uma bucólica rua no Jardim Celeste em São Paulo. Na época, Sebastião ajudou os diretores do Ipês a depor o governo de Jango.

As pautas eram resolvidas com os diretores do Ipês responsáveis pela divulgação do movimento: o secretário executivo, o general Moacyr Gaya; o empresário Paulo Ayres Filho, do Laboratório Pinheiros; o publicitário José Roberto Whitaker Penteado; e o médico Antonio Carlos Pacheco e Silva estavam na linha de frente dos conspiradores de São Paulo. Os temas eram os mais variados presentes na agenda norte-americana do pós-guerra, da resistência feroz à reforma agrária à defesa do papel da Igreja no Estado. Falava-se também muito da corrupção do governo e da perda dos valores democráticos.

"O Projeto B" e a imprensa

Todos os meses os relatórios mencionavam os órgãos de imprensa que haviam reproduzido os conteúdos "divulgados" pela CommonWealth. No ano que antecedeu o golpe, este passou a possuir um código secreto para a agência, "Projeto B". Pelo teor do relatório, o Projeto B referia-se claramente ao golpe civil-militar em andamento, já que se fala do sucesso de divulgação das marchas da família e, depois de março, da chamada "Revolução" de 1964.

Praticamente todos os grandes jornais do país seguiam a agenda proposta pela agência, reproduzindo artigos, entrevistando personagens "sugeridos", dando livros de debates alinhados com as pautas da conspiração civil-militar em curso.

A agência centralizava em São Paulo as ideias para dar aos jornais. *A Gazeta Esportiva*, o *Diário Popular*, o *Jornal do Comércio*, o *Diário do Comércio*, a *Gazeta Mercantil*, *O Globo*, *O Dia* e *A Tribuna* são alguns dos nomes dos veículos impressos mencionados mensalmente nos relatórios secretos da CommonWealth ao cliente Ipês. Rádio e televisão seguiam a mesma linha: "Repórter Esso", "Diário de São Paulo na TV", "Grande Jornal Falado da Tupi" e "Noticiário Ford" foram programas mencionados muitas vezes. Jornais menores e em regiões distantes do país recebiam *releases* que eram copiados literalmente e impressos sem maiores apurações ou checagens. No relatório de março de 1964 a agência menciona que foram 64 recortes de notícias distribuídas pela CommonWealth.

O jornal *Estado de S. Paulo* foi um caso à parte. Seu principal dirigente, Júlio de Mesquita Filho, estava abertamente a favor do golpe, pedindo intervenção militar em diversos editoriais e contribuindo com dinheiro e trabalho para ajudar os militares e empresários. Lembrava os anos de luta de São Paulo em 1932, que considerava "heroicos".

Pagar as contas do golpe

A CommonWealth também estava contratada para fazer algo essencial para os conspiradores contrários ao governo democrático de João Goulart. Eles precisavam arrumar dinheiro entre os empresários paulistas para fazer uma espécie de "caixinha" que ajudava a pagar o golpe e as contas do instituto. O dinheiro arrecadado era usado em viagens que pediam apoio de políticos e governadores locais à conspiração em andamento, na impressão de livros, no pagamento da própria agência, nos serviços de espionagem e grilagem ilegais de Golbery, no pagamento de deputados contrários ao governo.

O marechal Cordeiro de Farias, um dos principais nomes do golpe, costumava dizer que, sem o dinheiro, a mobilização paulista no golpe de 1964 não seria efetivada. Todos os meses a agência enviava cartas pedindo contribuições e fazia reuniões com empresários do mais diversos setores. Em abril de 1964, já depois do golpe, por exemplo, a agência conseguiu a promessa de contribuição de Bernardo Golfarb, proprietário das lojas Marisa, bem como da Munck do Brasil, das gráficas Ipiranga e da Samab, segundo seus relatórios.

Naturalmente, alguns órgãos de imprensa foram procurados, como a editora Abril de Victor Civita (1907-1990). No relatório de março de 1964, a reunião foi descrita como extremamente cordial.

> Imbuiu-se a CommonWealth RP de entrevistar-se com vários contribuintes em potencial, entre os quais o presidente da Editora Abril, uma das mais destacadas do país. Ofereceu-se o sr. Victor Civita para imprimir livros e materiais editoriais do Ipês a preço reduzido, o que equivale a razoável contribuição indireta.

Outras vezes, foram alguns jornais que procuraram a agência sabendo da força empresarial por trás dela e do Ipês. Foi o caso do jornal *Diário de São Paulo*, em 4 de outubro de 1963, quando o diretor Edmundo Monteiro (1917-1996) enviou uma carta a Paulo Ayres Filho dizendo que sempre havia sempre defendido os ideais da livre-iniciativa e os princípios democráticos e pedindo a compra de "60 a 100 assinaturas do jornal". Paulo Ayres responde negando a compra de assinaturas.

Imprensa internacional: *Fortune* e *Seleções*

Felipe Amorim

Apenas cinco meses após o golpe que depôs o presidente João Goulart, a tradicional revista norte-americana *Fortune* publicava uma longa reportagem narrando a parceria entre o então embaixador dos EUA, Lincoln Gordon, e os empresários paulistas que articularam a conspiração. Enquanto setores civis e militares se armavam e ensaiavam a rebelião, lideranças golpistas foram pessoalmente à embaixada perguntar qual seria a posição de Washington caso fosse deflagrada uma guerra civil no Brasil. "Cauteloso e diplomático, Gordon deixou a impressão de que, se os paulistas conseguissem segurar [o comando da guerra civil] por 48 horas, obteriam o apoio e o reconhecimento dos Estados Unidos", escreveu a publicação.

Essa é a apenas uma das revelações do artigo publicado por Philip Siekman na edição da *Fortune* de setembro de 1964, intitulado "When Executives Turned Revolutionaries"

(Quando executivos viraram revolucionários), que completava no subtítulo: "Uma história ainda não contada: como os empresários de São Paulo conspiraram para derrubar o governo infectado de comunistas do Brasil". A revista dá voz aos empresários "bandeirantes" para mostrar como os executivos se articularam para financiar a conspiração armada que depôs Jango. Embora voltada ao público norte-americano, a reportagem repercutiu no Brasil, acirrou rivalidades entre os golpistas paulistas e cariocas e foi usada como panfleto para incentivar a entrada de investimentos estrangeiros no país.

Entre os fatos mais reveladores do texto de Siekman, a revista procurou destacar o papel central que o Ipês e seus líderes desempenharam na conspiração. Primeiro, arrecadando fundos dos principais industriais paulistas e cariocas: "No total, cerca de 400 empresas contribuíram para a instituição; e o fluxo de caixa anual não passava dos US\$ 500 mil". E, mais tarde, ao decidir adotar métodos mais diretos: "Células de vigilância começaram a se equipar com armas leves, instalar fábricas clandestinas de granadas de mão e escolher um local para levar a cabo operações de guerrilha na guerra civil que consideravam inevitável e iminente". O Ipês foi fundado em 1961, oficialmente para defender a livre iniciativa e a economia de mercado; a entidade uniu acadêmicos conservadores, empresários e militares para desestabilizar o governo Jango.

A partir de um ponto de vista do empresariado paulista, *Fortune* traça o panorama do cenário político, econômico e social do Brasil, concluindo que, sem a intervenção, a situação só poderia ter levado o país ao caos. "De repente e quase mila-grosamente", interpreta a publicação, eles haviam salvado a nação. Se antes a revista só imaginava duas possíveis saídas para o Brasil — um "Estado totalitarista dominado por comunistas" ou uma "guerra civil sangrenta e complexa" —, os "paulistas" teriam forjado a terceira via: uma revolta que durou dois dias, pôs Jango no exílio e seus simpatizantes na cadeia. É por isso que, de acordo com a revista, o levante deveria ser merecidamente chamado de "a Revolta dos Paulistas".

A *Fortune* foi fundada em 1930, meses após o crash da bolsa de Nova York, pelo editor Henry Luce (1898-1967) — o mesmo que criou as icônicas *Life* e *Time*. Pioneira ao especializar-se em finanças e negócios, a publicação existe até hoje e faz parte de um dos maiores conglomerados de mídia do mundo.

O jornalista Philip Siekman reconta os pormenores da conspiração utilizando como personagens alguns líderes ipesianos e expoentes militares do golpe. Três deles tiveram, segundo a *Fortune*, papel central: Paulo Ayres Filho, representante da indústria farmacêutica; Júlio de Mesquita Filho, diretor-proprietário do jornal *O Estado de S.Paulo*; e o coronel Rubens Resstel, responsável pelo planejamento da mobilização civil-militar em São Paulo.

Anticomunista ferrenho, Ayres Filho é descrito como um dos idealizadores do Ipês e principal incentivador da função marqueteira do instituto: por meio de panfletos, cartilhas liberais, peças publicitárias e vídeos "educativos", o Ipês deveria influenciar a opinião pública.

De acordo com a revista, o diretor do *Estadão*, Júlio de Mesquita Filho — "um dos recrutas mais proeminentes" e "líder nominal do grupo" —, teve papel fundamental no setor logístico da conspiração, sobretudo às vésperas do golpe, quando as células civis já começavam a se preparar para o confronto. "O grupo Mesquita sozinho gastou cerca de US$ 10 mil em armas, incluindo uma série de metralhadoras", relata a publicação.

O coronel Rubens Resstel, por sua vez, é caracterizado como o elo essencial entre os civis ipesianos e o Exército. Militar graduado e egresso da tropa que lutara na Segunda Guerra Mundial, Resstel teve a função de convencer os altos comandos e a jovem oficialidade de militares que permaneciam céticos e legalistas.

Também são citados na matéria como importantes conspiradores civis: Gilbert Huber (proprietário das Listas Telefônicas Brasileiras), Adhemar de Barros (governador de São Paulo), e os advogados João Adelino Prado, Luiz Werneck e Flávio Galvão (jornalista e advogado do *Estadão*).

É difícil dizer se a revista *Fortune* de fato sensibilizou o público-alvo norte-americano e contribuiu para melhorar a imagem dos "revolucionários" brasileiros no exterior. Mas uma coisa é certa: além de repercutir na política e na imprensa nacional, a publicação da reportagem causou reações distintas nas fileiras do Ipês; tanto massageou egos dos empresários paulistas, quanto desagradou seus rivais cariocas.

O historiador e cientista político René Armand Dreifuss, em seu livro *1964: a conquista do Estado*, relata

À ESPERA DA VERDADE

a insatisfação das lideranças ipesianas do Rio de Janeiro com a publicação da reportagem e a exposição dos empresários paulistas. Um dos documentos que encontrou em sua pesquisa foi um telegrama endereçado a João Baptista Leopoldo Figueiredo (presidente do Ipês-SP e primo-irmão mais velho do futuro presidente do país), enviado por Harold Cecil Polland, líder do Ipês-Rio. Nele, Polland comenta a "questão muito séria" e "prejudicial": "Fomos desagradavelmente surpreendidos pelo artigo da 'Fortune' sobre a Revolução, comprometedoramente comentado pela 'Tribuna da Imprensa' e 'Última Hora'".

No dia 19 de setembro de 1964, o jornal *Última Hora*, de Samuel Weiner, também repercutiu a reportagem em uma nota na primeira página: "'Fortune' e a História Secreta da 'Revolução'". O jornal destacou as revelações sobre o embaixador Lincoln Gordon, pedindo esclarecimentos a ele e ao governo Castello Branco, o do regime civil-militar. "É uma história inteiramente diferente da que tem sido contada em discursos e entrevistas dos participantes do movimento, e até mesmo nas reportagens mais indiscretas que se publicaram em nosso País", escreveu o jornal.

Recado

Logo no início do artigo, o jornalista Philip Siekman já havia dado o tom do problema brasileiro: o ceticismo dos investidores estrangeiros em aplicar seus dólares no Brasil seria uma questão de falta de comunicação. "A história da revolução brasileira, com todos seus aspectos encorajadores, não tinha sido, até o momento, totalmente contada na imprensa norte-americana".

Ao finalizar a reportagem, Siekman volta a se dirigir aos mesmos investidores, defendendo que, como os industriais paulistas haviam feito a parte deles, os norte-americanos teriam de fazer a deles. "Se o Brasil não morrer na mesa de cirurgia enquanto os novos homens tentam curar as mazelas, o país vai precisar de polpudas infusões de ajuda exterior." Mais adiante, Siekman incentiva os executivos internacionais a vencerem o ceticismo em relação ao Brasil, mostrando que o governo Castello Branco até já revisara as leis de remessas de lucros, "abrindo as portas para um fluxo normal das filiais à matriz".

"No ano que vem, os diretores de uma empresa norte-americana vão ter dificuldades em explicar a seus acionistas por que investiram no Brasil em 1964. Daqui a dez anos, podem vir a achar ainda mais difícil explicar por que não investiram nada", arremata a revista.

Na esteira da *Fortune*, outra publicação internacional que também deu grande espaço ao movimento civil-militar que depôs o presidente João Goulart em 1964 foi a *Reader's Digest*, publicada em português com o nome *Seleções*.

No longo artigo "A nação que se salvou a si mesma", a publicação exaltou a prontidão dos conspiradores civis, "defensores da liberdade e da democracia", ao articular o golpe contra o presidente eleito.

Na edição de novembro daquele ano, sete meses após o golpe, a publicação deu grande destaque à reportagem, escrita originalmente em inglês por Clarence W. Hall, jornalista que "passou algumas semanas no Brasil quando a revolução ainda estava viva na memória de todos". O longo e laudatório texto procura recriar o espírito de tensão vivenciado pela "sofrida classe média brasileira", nas palavras da própria publicação. Para *Seleções*, os civis, ao verem-se "encurralados", organizaram-se para "salvar o Brasil". Assim, foram os industriais, a imprensa e as mulheres do CAMDE que, com o empurrão final dos militares, uniram forças para dar o golpe e depor Jango.

A reportagem utiliza como fontes expoentes do setor empresarial, tais quais Glycon de Paiva, Harold Cecil Polland e Paulo Ayres Filho; além de uma liderança do movimento de mulheres que convocou a "Marcha da Família com Deus pela Liberdade", "Dona" Amélia Molina Bastos.

A revista também dá espaço para o embaixador norte-americano Lincoln Gordon fazer uma previsão no mínimo apressada: "Os futuros historiadores, é bem possível, que registrem a revolução brasileira como a mais decisiva vitória pela liberdade em meados do século XX". O diplomata dos EUA diz ainda que seu país não interferiu em nada na questão brasileira — "nem um só dólar ou cérebro norte--americano foi empenhado nela!" —, contradizendo contatos feitos com os revoltosos e, até mesmo, o rigoroso acompanhamento de Washington.

Na reportagem, a revista confere relativo destaque à atuação das lideranças do Ipês. "O Ipês formou seu próprio serviço de informações, uma força-tarefa de investigadores (vários dentro do próprio governo) para reunir, classificar e correlacionar informes sobre a extensão da infiltração vermelha no Brasil", relata *Seleções*.

A revista devia ter conhecimento de causa, pois a Reader's Digest Publications do Brasil fazia parte, sob a figura do diretor da revista, Tito Leite, do setor editorial do Ipês. Conforme esquadrinhado por Dreifuss, o Grupo de Publicações/Editorial da entidade era composto por figuras de peso, como o general Golbery do Couto e Silva e os escritores José Rubem Fonseca, Augusto Frederico Schmidt (1906-1965) e Raquel de Queiroz (1910-2003).

Além da Reader's Digest, outras editoras e publicações que contribuíam com seus serviços para o Ipês eram: Agir, de Cândido Guinle de Paula Machado (1918-2000); *O Cruzeiro*, de Assis Chateaubriand (1892-1968); a gigantesca Artes Gráficas Gomes de Souza S.A., de Gilberto Huber Júnior (Listas Telefônicas Brasileiras); e a Editora Saraiva, através de Adib Casseb e Paulo Edmur de Souza Queiroz.

O flautista do rei

Felipe Amorim

Nos primeiros meses de 1964, o grupo civil-militar de conspiradores que articulou o golpe contra João Goulart realizou pesquisas de opinião em diversos setores da sociedade. O objetivo era antecipar reações e identificar como a população reagiria à eventual deposição do presidente.

O setor de informações dos conspiradores, chefiado pelo então deputado estadual mineiro Aníbal Teixeira (1933-2015), ficou encarregado de verificar como os militares, a imprensa, o clero, os sindicatos, os empresários e os estudantes encaravam o governo Jango no início de 1964.

Quem relata esse processo de coleta de informações é o próprio Aníbal Teixeira — "o responsável pelo setor de informação e contrainformação" — em seu livro *Flautista do rei*.

No setor militar, por exemplo, Teixeira coletou a opinião de 288 oficiais brasileiros. Dentre a amostragem, apenas 32 militares (11%) acreditavam que o Exército não deveria intervir. Do outro lado, 133 militares (46%) colocavam-se "contra Jango e comunistas" e "pela democracia e anticomunistas".

Teixeira também esclarece que trabalhar no setor de informações não significava necessariamente ser um "espião". Pelo contrário, suas tarefas consistiam prioritariamente em coletar notícias e dados veiculados pela mídia, por exemplo. Muitas das outras pesquisas de opinião utilizadas pelos conspiradores em 1964 foram produzidas com base em levantamentos do Ibope e outros institutos estatísticos.

Longe de ficar restrito apenas ao período da conspiração, o relato autobiográfico de *Flautista do rei* passeia por diversos episódios da vida política do país. Aníbal Teixeira descreve desde os tempos como líder estudantil na presidência da União Brasileira dos Estudantes Secundários (UBES), chegando até os anos recentes pós-redemocratização.

Ao regime militar que ajudou a implantar, Teixeira não poupa críticas. A "revolução", como diz o ditado, devorou seus próprios filhos, reafirma o autor. "Os mineiros, em vista dos resultados e rumos tomados na direção da ditadura, ficaram discretamente omissos sem reivindicar a paternidade do filho feio", escreve (TEIXEIRA, 2013, p. 170).

O próprio Aníbal sofreu na pele a investida do regime contra os políticos das Gerais. Primeiro, quando caiu Juscelino Kubitschek (1902-1976), já em junho de 1964, Aníbal Teixeira diz que só não foi cassado junto pois houve interferência do general Golbery do Couto e Silva — simpatizante de seu interesse pela geopolítica e pela "informação". O mesmo Golbery a quem recorreria anos mais tarde numa última tentativa desesperada de evitar a cassação em 1969, após a edição do AI-5.

Na vida política, Aníbal Teixeira relata como lidou com a questão da reforma agrária e da imigração — sobretudo de judeus — no governo JK. Detalha sua vida no exílio e na atividade empresarial. Na redemocratização, trabalhou com Tancredo Neves, de quem foi vizinho por mais de uma década em Belo Horizonte. Aborda ainda seus serviços no Ministério do Planejamento do governo José Sarney (1985-1990), sua função como presidente do Instituto JK e seu papel recente no governo da atual presidente Dilma Rousseff.

O flautista do rei — figura à qual o título da obra faz referência — é um personagem anedótico dos tempos medievais: o instrumentista toca a sua música, bem ou mal, com ou sem a atenção do rei. Ecoando o personagem que se encontra sempre «na contramão da história», o próprio Juscelino Kubitschek sacramentaria o epíteto do mineiro: «Aníbal, você é o flautista do rei», disse o ex-presidente ao amigo, horas depois de receber a notícia de que seria cassado pelo próprio governo que ajudou a construir.

Nos primeiros dias de abril de 1964, o então deputado mineiro tinha duas grandes tarefas: dar garantias aos trabalhos do Congresso Nacional e tentar convencer seu mentor político, Juscelino Kubitschek, a exigir da "revolução" o compromisso de fazer eleições no ano seguinte. Cumpriu apenas uma delas, pois JK já havia batido o martelo, aceitando o comando militar de Castello Branco.

Conforme relata Teixeira em entrevista, o ex-presidente Juscelino Kubitschek sabia de tudo. Sabia que civis e militares conspiravam em Minas Gerais. Sabia que a intenção era depor o presidente João Goulart. JK — que havia ele próprio quase sido impedido de tomar posse anos antes — era informado constantemente pelos conspiradores e sabia muito bem que a ordem constitucional seria posta de lado. Fez apenas uma ressalva: "É fundamental que tenha um mínimo de legalidade, e isso tem que ser com garantias ao Congresso", teria dito JK a Teixeira, dez dias antes do golpe.

Com essa incumbência, de zelar pela integridade do Congresso Nacional, Aníbal Teixeira foi a Brasília. Para tanto, recebeu inclusive documentos especiais expedidos pelos comandantes militares do golpe assegurando o seu "livre-trânsito" pelo país.

Os militares e civis mineiros que articularam a conspiração golpista acreditavam que "candangos armados da esquerda" poderiam invadir o Legislativo em defesa de Jango e de suas Reformas de Base. Quando chegou à Praça dos Três Poderes, Aníbal viu que não passava de balela — o próprio presidente do Congresso, Auro de Moura Andrade, declararia vacante a Presidência da República à revelia de Jango.

O golpe que instalou o regime que duraria até 1985 já estava configurado. O Congresso estava em "segurança". Tanto que JK foi pessoalmente receber as tropas mineiras que ocuparam a capital — para, também, facilitar o reconhecimento internacional do novo governo — e "deram garantias" ao Legislativo.

A atuação de Aníbal Teixeira ao longo de sua vida política foi extensa. No governo JK (1956-1961), foi diretor do Serviço Nacional de Aprendizagem Comercial (Senac) e do Instituto Nacional de Imigração e Colonização. Deputado eleito quatro vezes, foi também secretário de Estado no governo mineiro de Magalhães Pinto (1961-1966) e ministro do Planejamento no governo José Sarney (1985-1990). Após o AI-5, teve seu mandato cassado. Uma vez anistiado, trabalhou junto a Tancredo Neves na redemocratização.

Abaixo, algumas revelações da entrevista, cujos trechos em vídeo estão publicados na Internet:[4]

Juscelino sabia

Em mais de uma ocasião, segundo Teixeira, JK foi informado pelos conspiradores de que havia um movimento em curso para depor João Goulart. A anuência do ex-presidente manifestou-se também por ele ter deliberadamente escondido de Jango que tramavam pelas suas costas. Aníbal Teixeira também faz referências aos conselhos de Plínio Salgado (1895-1975), que queria evitar a todo custo que um militar assumisse o poder do Brasil. Na época, Plínio era deputado federal pelo Partido de Representação Popular (PRP), legenda que representava o pensamento integralista, do qual era o principal idealizador e também de que fazia parte Aníbal Teixeira nos anos que antecederam ao golpe.

---

4   Acessado em 12 de outubro de 2015: <http://ultimainstancia.uol.com.br/conteudo/noticias/68189/Jk+sabia+que+elite+mineira+articulava+golpe+em+64+diz+ex_ministro.shtml>

Logística em Minas Gerais

Uma das maiores preocupações logísticas dos conspiradores mineiros era com o abastecimento de petróleo. Sobretudo em Minas Gerais, estado sem acesso ao mar. Temia-se que, com um enfrentamento, a região ficasse estrangulada e sem energia. Foi aí que o grupo mineiro pôs em prática uma estratégia "troiana" para tomar o Espírito Santo e garantir o controle do porto local. A PM mineira tinha um clube no litoral capixaba. Assim sendo, enviou um contingente para o local "a título de férias". Ingenuidade de quem acreditou: a tropa estava de prontidão para, assim que estourasse o golpe, prender o governador do Espírito Santo e garantir o acesso ao porto.

Os revolucionários de Minas

Foram os mineiros que deflagraram o golpe de 1964. Certamente, havia articulações em outros estados, mas Minas Gerais constituía o polo mais convicto contra João Goulart. Enquanto aguardava informações sobre a posição dos vizinhos São Paulo (sob o comando do general Kruel, que tendia para o legalismo) e Rio de Janeiro (cuja Vila Militar permaneceria ambígua até o final), o estado das Gerais tomou a dianteira do movimento.

Em dezembro de 1962, o então deputado Aníbal Teixeira foi a uma palestra de Leonel Brizola. Ali, fez uma colocação questionando alguns argumentos do conferencista sobre o tema da reforma agrária. Sua crítica não caiu bem à plateia e teve início uma confusão generalizada da qual Teixeira saiu machucado. O curioso é que quem o tirou de lá foi um militar à paisana que, nessa ocasião, iria apresentá-lo ao general Carlos Luís Guedes (1905-1976), chefe da 4ª Infantaria Divisionária (ID-4) e futuro comandante do movimento que iria depor Jango mais de um ano depois.

"Costa e Silva era um péssimo caráter"

"Em 1964, havíamos feito um movimento em nome da democracia e ele se converteu na ditadura militar", afirma Teixeira, em seu livro. Em outras passagens, classifica Castello Branco e Costa e Silva — os dois primeiros presidentes do regime — de "revolucionários de gabinete". Amargurado com o futuro que o golpe civil-militar tomara, Aníbal Teixeira não poupa críticas ao presidente que cassou seus direitos políticos em 1969: "Costa e Silva era um péssimo caráter".

Pós-64: traído e cassado

Logo que JK foi cassado, em junho de 1964, Aníbal Teixeira, seu fiel escudeiro, saiu fervorosamente em sua defesa. Naquele momento, passou incólume pelos olhos do regime. Foi sofrer com a repressão da ditadura militar apenas cinco anos mais tarde.

A tortura em Minas

Confirmando a tese de que a repressão militar começou logo cedo, ainda em 1964, Teixeira repassa as confidências de um amigo, torturado na sede do Departamento de Ordem Política e Social (Dops), em Belo Horizonte. Esse seu colega, na época liderança importante do Partido Comunista, viria a ser seu aliado político, posteriormente.

O general Golbery

"Eu criei um monstro", diria anos mais tarde o general Golbery do Couto e Silva sobre um de seus principais legados na ditadura, o Serviço Nacional de Informação (SNI). Desde o primeiro encontro, Teixeira relata que teve grande afinidade com o general Golbery, um dos maiores articuladores do meio civil-militar pré-64. Os pontos em comum entre eles eram dois: o interesse pela geopolítica e a atuação em informação e contrainformação.

"Revolução" sem resistência

Todo o movimento conspiratório — em Minas Gerais e nos demais estados — foi pensado para, após depor o presidente João Goulart, conseguir enfrentar a reação das tropas fiéis a Jango. Surpreenderam-se, portanto, quando não houve reação alguma nem confrontos de grande intensidade.

O DIREITO
NA DITADURA

Juristas de exceção

Rodolfo Machado

Carlos Medeiros Silva
(19 de junho de 1907/Juiz de Fora – 3 de março de 1983/ Rio de Janeiro)

Um dos juristas mais influentes dentre aqueles que contribuíram para conferir roupagem legal ao regime de exceção estabelecido entre 1964 e 1985, Carlos Medeiros Silva ficou conhecido por ter redigido, em coautoria com seu mentor Francisco Campos (1891-1968), o Ato Institucional n.º 1, que inaugurou oficialmente a ditadura militar brasileira, promulgado em 9 de abril de 1964.

De datilógrafo da Constituição "Polaca" de 1937, elaborada por Campos, o jurista mineiro se tornou ministro do Supremo Tribunal Federal (STF) já em 1965, preenchendo a vaga criada pelo Ato Institucional nº 2 (AI-2) – que ampliou o número de ministros do STF de 11 para 16, com vistas a obter maior controle sobre o órgão máximo do Poder Judiciário.

O trabalho de Medeiros no Supremo foi interrompido por um chamado do presidente Humberto de Alencar Castello Branco, que o escolheu para a pasta da Justiça e Negócios Interiores, cargo em que permaneu de 1966 a 1967. Ao substituir Milton Campos (1900-1972) e Mem de Sá (1905-1989), tidos como muito "liberais" para o Ministério da Justiça do novo regime ditatorial, recebeu como missão constitucionalizar os atos institucionais e fornecer ao novo regime a aparência legal de uma normalidade democrática forte e "renovada", utopicamente apostando, com isso, encerrar o ciclo "revolucionário".

O jurista mineiro também elaborou o projeto de Constituição em 1966, mas seu texto foi tido como demasiadamente autocrático até mesmo pelos congressistas golpistas. No entanto, a exigência do AI-4, de concluir a Carta no prazo exíguo de 12 de dezembro de 1966 a 24 de janeiro de 1967, obrigou os "constituintes" da ditadura militar a buscarem uma solução incomum para fazer alterações no texto de Medeiros: atrasar em 12 horas o relógio do Congresso Nacional.

"Aí você pergunta: mas será que a milicada não estava vendo isso? Estava. Eles tinham microfone secreto... Tinha tudo lá. Mas o próprio Castello Branco disse: 'Não, deixa, deixa assim que é melhor, porque o projeto deles é melhor do que o do Carlos Medeiros'. E, assim, foi votada a Constituição de 1967", relata o jornalista Carlos Chagas em depoimento ao Centro de Pesquisa e Documentação de História Contemporânea do Brasil (CPDOC/FGV) (CHAGAS, 2010, p. 14).

Assim, Medeiros acabou sendo o pai da Constituição da ditadura, ainda que com a inclusão de diversas emendas dos parlamentares da época.

Antes de galgar os cargos de ministro do STF e de ministro da Justiça, Carlos Medeiros já prestava "esclarecimentos" à dita grande imprensa sobre o sentido e teor do primeiro Ato Institucional "revolucionário".

Em 11 de abril de 1964, o jurista conferenciou ao jornal *O Globo* que, "sem o Ato Institucional, não teria havido uma revolução, mas um golpe de Estado", proclamando que o AI-1 constituiu-se adequadamente como "o veículo da revolução para interceptar um processo de dissolução do poder e do governo, que se processava rapidamente" (SILVA, 1964, p. 397). Em 30 de abril daquele ano, na Confederação Nacional do Comércio no Rio de Janeiro, Carlos Medeiros caracterizou o primeiro Ato da ditadura como "uma lei constitucional temporária", apostando precocemente que a norma editada pelo Comando Supremo da Revolução vigoraria até o termo nela prefixado, a saber: 31 de janeiro de 1966. Ao contrário dos prognósticos de Medeiros, a ditadura instaurada pelo golpe de 1964 postergou-se por mais 21 anos, deixando à Nova República de 1985 um legado de abismo social e concentração de renda.

No final do mês de abril de 1964, naquela mesma ocasião, o jurista sustentou a necessidade de "melhor separar o joio do trigo", preocupando-se, junto às classes patronais, com a precariedade do expurgo de elementos "subversivos e corruptos" realizado até aquele momento. Aconselhava assim, urgentemente, para a necessidade de uma legislação adequada à repressão dos crimes contra o Estado e seu patrimônio, supostamente cometidos pelo governo Goulart, bem como de atos da chamada "guerra revolucionária", buscando legalizar os execráveis expurgos operacionalizados por coronéis (alguns retirados da reserva) a serviço do novo regime.

A publicação de atos institucionais estava apenas começando (foram 17, ao todo). Em 1965, Carlos Medeiros teve a oportunidade de sustentar, em sessão de julgamento do STF, que a natureza do AI-2 era de "um ato de emergência, um ato constitucional, que tem uma inspiração revolucionária", contrapondo-se assim ao ministro Evandro Lins (1912-2002), que denunciava, então, o alargamento na utilização de atos institucionais em detrimento das garantias da parcialmente revogada Constituição de 1946. Não por acaso, Evandro Lins foi cassado posteriormente com base no AI-5.

Outro ministro do STF também cassado pelo AI-5 é Vitor Nunes Leal (1914-1985), autor do clássico *Coronelismo, enxada e voto,* e cuja trajetória pessoal se entrecruza com a da família de Carlos Medeiros Silva. É justamente Nunes Leal quem revela que "colegas mais íntimos às vezes o chamavam, afavelmente, 'Robespierre', sob os seus mais veementes protestos". O "Robespierre mineiro" havia "estado longamente no segredo e na intimidade dos grandes acontecimentos nacionais", vivenciando toda uma "existência que se desdobrava nas altas esferas do Estado" e participando "pessoalmente da embriagante tarefa de fazer a história" (LEAL, 1966, p. 411).

Ainda conforme indiscreta crítica de Nunes Leal, endereçada a Medeiros na despedida deste do Supremo para assumir o Ministério da Justiça, o jurista mineiro de fato "aprendeu a pressionar as molas do poder, e é bem provável que o gosto desse vinho do Olimpo não lhe tenha desagradado. Acho mesmo que uma das perguntas mais bem avisadas que ocorreria a um presidente no justo momento de assumir o governo seria esta: 'Onde está o Carlos Medeiros?'" (LEAL, 1966, p. 412):

> São tantas as leis, decretos-leis e decretos com a marca da sua autoria ou da sua preponderante elaboração que mesmo V. Exa. terá perdido a conta. Se tivéssemos o hábito norte-americano de lhes dar o nome do proponente, um leitor desavisado pensaria que vivemos em regime monárquico, pois seria preciso dizer LEI Carlos I, Carlos II, Carlos XX, Carlos XXX, e assim por diante, numa longa dinastia numérica a invadir a casa das centenas (LEAL, 1966, p. 412).

A respeito da Constituição de 1967, o jurista Pontes de Miranda (1892-1979) observou que, apesar dos arrogados propósitos "revolucionários", "na Constituição de 1967 há mais subservidade do que revolucionaridade". "Não se avança para o futuro, como seria de mister, sabiamente" (MIRANDA, 1967, p. 411).

Em suas *Memórias: A verdade de um revolucionário*, o deflagrador do golpe de 1964, Olympio Mourão Filho, embora elogiando o "nietzschiano" Francisco Campos, que tinha "o vício do totalitarismo", lamentava, porém, que ele tivesse deixado "um filho que não tem suas faculdades e cultura". Referindo-se ao "filho", ou melhor, ao pupilo de Campos, Carlos Medeiros Silva, pontuava: o "autor da Constituição de 1967 e da Lei de Segurança Nacional (LSN), a célebre 314, que define a mentalidade dominante no Brasil: só se combate o comunismo com a repressão cada vez mais forte" (MOURÃO FILHO, 1978, p. 415).

De modo contrário ao general, entretanto, Carlos Medeiros orgulhosamente reivindicava a autoria do preceito constitucional que tornara responsável pela Segurança Nacional toda e qualquer pessoa natural ou jurídica diante do Estado, estampado na LSN de 1967, apostando ainda na "renovação constitucionalista" iniciada em 1964, apta a libertar "os poderes políticos da nação de certos preconceitos constitucionais, cuja ordem remonta aos primórdios do racionalismo liberal" (SILVA, 1975, p. 469).

O jurista de direita embateu-se também pela criação do Estado de Emergência, que completaria os instrumentos destinados a dotar o chefe do governo dos poderes indispensáveis contra as ameaças extremistas de ruptura da ordem democrática. Amparando-se no jurista russo Boris Mirkne Guetzevitch (1892-1955), o mineiro indicou a chamada "racionalização do poder" como os "novos rumos do constitucionalismo" a "toda uma geração que hoje já se mostra emancipada dos preconceitos individualistas e liberais" (SILVA, 1975, p. 475); razão esta sempre lida e entrelida, conservadoramente, de acordo com os interesses das classes dominantes.

Eis o motivo de Carlos Medeiros defender que era preciso armar o poder de instrumentos eficazes e de ação pronta quando o equilíbrio das forças fosse ameaçado diante do "auspicioso fenômeno da ascensão das massas" (SILVA, 1966, p. 406), entendendo que a instituição de uma "ditadura constitucional" seria o último recurso do constitucionalismo para que a democracia pudesse sobreviver nos países ocidentais.

Na visão de mundo de Carlos Medeiros, não se deveria confundir "uma ação vigorosa e eficaz" com "poderes despóticos", tendo em vista que "os problemas constitucionais não são primariamente problemas de direito, mas de poder" (SILVA, 1975, p. 470).

Na figura desse mineiro lumiar do reacionarismo, que ainda atuou como editor-chefe da *Revista Forense* e da *Revista de Direito Administrativo*, essa vocação autocrática da política do jurista caminhou umbilicalmente vinculada à advocacia privada, sempre em defesa do grande capital estrangeiro e de seus associados "nacionais".

Advogado e estrategista do departamento jurídico da Light and Power Co., ao lado do ex-ministro da Justiça Luis Antonio da Gama e Silva, o mineiro Carlos Medeiros também participou do "bilionário réveillon da Light", na grande negociata do último ano da década de setenta, conforme reportou à época o jornal *Movimento*. O periódico estampava a manobra da Brascan e do Estado de Segurança Nacional, em que o governo militar brasileiro, ao constatar os problemas financeiros da Light Co., premiou-a, em vez de anular a concessão, comprando a companhia por um valor muito acima do mercado. "Vergonha. Toda a história da negociata do ano. 1,3 bilhão de dólares por um ferro-velho que já era nosso. Parabéns Gama e Silva, Carlos Medeiros, Mário Henrique Simonsen [1935-1997], advogados peritos da Light and Power Co.", noticiava o *Movimento* (GOMES, 1979, p. 1).

No final da vida, enfim, a maior contribuição de Carlos Medeiros, simples caricatura regressiva do revolucionário burguês da França, foi ter ajudado a compor, aqui nos trópicos, em prol de sua classe, "uma estatização que até as multinacionais são a favor: a estatização dos prejuízos".

Alfredo Buzaid[1]
(20 de julho de 1914/Jaboticabal – 10 de julho de 1991/São Paulo)

Conhecido pela elaboração de uma série de leis vigentes e elogiadas até hoje por certa tradição jurídica conservadora, como o Código de Processo Civil, Alfredo Buzaid foi o ministro da Justiça do período ditatorial que negou de forma mais incisiva as práticas de tortura. Em 1970, organizou um "livro da verdade" para provar junto à Organização dos Estados Americanos (OEA) que o governo do general Emílio

---

1 A práxis histórica e a visão de mundo de Alfredo Buzaid, particularmente, constituíram tema de pesquisa e dissertação de mestrado de Rodolfo Costa Machado, orientada pelo professor Antonio Rago Filho, defendida no final de 2015 no Departamento de História Social da Pontifícia Universidade Católica de São Paulo (PUC-SP), intitulado: *Alfredo Buzaid e a contrarrevolução burguesa de 1964: crítica histórico-imanente da ideologia do direito, da política e do Estado de Justiça bonapartista.*

Garrastazu Médici (1969-1974) não praticava atos de violação aos direitos humanos, mas a iniciativa não foi adiante.

A tentativa de apresentar um "livro branco" de propaganda do regime militar acabou virando verdadeira lista de indícios dos "mais escabrosos episódios de tortura", de acordo com o historiador Carlos Fico, que descobriu o documento nos arquivos da extinta Divisão de Segurança e Informações do Ministério da Justiça, braço civil-ministerial do SNI (FICO, 2001, p. 85-86).

"Improdutivo e chamando demasiadamente a atenção para o tema, o relatório não seria divulgado, mas suas justificativas perdurariam", conclui Fico. O "livro da verdade" contém correções feitas à mão[2] pelo próprio Buzaid e apresenta "informações do governo brasileiro para esclarecer supostas violações de direitos humanos relatadas em comunicações pela CIDH (Comissão Interamericana de Direitos Humanos) da OEA".

Um dos argumentos mais usados por Buzaid para negar as torturas era o de que as denúncias relacionadas a este tema faziam parte de uma campanha difamatória contra o governo, realizada por setores supostamente comunistas da imprensa nacional e internacional.

O ministro, porém, foi confrontado até mesmo por antigos aliados do golpe de Estado de 1964. A Conferência Nacional dos Bispos do Brasil (CNBB), em 1970, dizia que

---

2   A íntegra deste "livro da verdade" foi disponibilizada em: <http://ultimainstancia. uol.com.br/conteudo/noticias/69532/juristas+de+excecao+homem-forte+dos+ anos+de+chumbo+buzaid+preparou+%22livro+da+verdade%22+para+negar+ torturas+.shtml>. Acesso em: 3 dez. 2015.

"há bem viva na consciência da nossa população a convicção de que é relevante a incidência dos casos de tortura no Brasil" (CNBB, 1970, p. 12).

Nascido em Jaboticabal no dia 20 de julho de 1914, Buzaid foi diretor do Largo São Francisco entre 1966 e 1969, quando passou a ser reitor interino da USP. Ao analisar o regime militar, no momento de sua posse na Faculdade de Direito, exaltou o que chamou de "processo de racionalização da democracia" (BUZAID, 1968, p. 109).

Tal "racionalização", levada a cabo pelas Forças Armadas, consistiria no processo de "revalorização dos homens públicos, cuja escolha não pode ficar à mercê das massas através de hábeis controles sindicais". Concluindo em sentido contrário às eleições diretas, o jurista autocrata arrematava que "não pode ser homem público qualquer ignorante bafejado por poderosas influências eleitorais".

Buzaid era avesso a entrevistas. Mesmo assim, ao assumir o Ministério da Justiça de Médici no final de 1969, disse à revista *Veja* que "o presidente não admitirá torturas em seu governo". Curiosamente, ainda acerca do "terceiro governo revolucionário", o jurista completou sua frase dizendo que "só não se admite a contestação da Revolução, ou seja, a negação do fato histórico que foi o movimento de março de 1964 e qualquer tentativa de revogá-lo ou anulá-lo em seus três objetivos: luta contra a subversão, extinção dos focos de subversão e renovação dos costumes políticos" (BUZAID, 1969, p. 20).

À ESPERA DA VERDADE

Durante seu mandato, foi caracterizado pela própria revista como "um jurista capaz de oferecer fórmulas e instrumentos para o tranquilo exercício de um amplíssimo poder pelo Executivo" e "perito em 'pentear' as leis, ou seja, um especialista em sistematizar e coordenar as diversas peças que compõem o edifício jurídico".

Ferrenho anticomunista e o colaborador mais íntimo do idealizador do AI-5, Luiz Antonio da Gama e Silva, Buzaid defendia a ditadura dizendo que o regime "teve que aparelhar-se" para "o expurgo dos maus elementos", sob forte influência da ideologia da Guerra Fria. Na USP, atuou no "controle ideológico da universidade". Um dos inúmeros professores perseguidos foi Paulo Duarte (1899-1984), que ficou conhecido por seu livro de memórias *O processo dos rinocerontes: razões de defesa e outras razões*, no qual conta bastidores de seu processo interno de demissão, iniciado a partir de uma moção do futuro ministro, na qual exigia o desagravo pelas críticas de Duarte a respeito da existência de "terrorismo cultural" da ditadura nos campi universitários.

O período em que Buzaid comandou o Ministério da Justiça também ficou marcado pelo envio dos famosos "bilhetinhos" às redações do país. A censura prévia, praticada "em nome da Segurança Nacional", abarcava desde a imprensa alternativa, em veículos como *O Pasquim, Opinião* e *Tribuna da Imprensa*, até periódicos da chamada grande imprensa, como a revista *Veja*, o *Jornal da Tarde* e *O Estado de S. Paulo*.

Entre os assuntos proibidos por Buzaid encontravam-se o conteúdo de palestras proferidas na ESG (Escola

Superior de Guerra), os comentários sobre a Anistia Internacional, a divulgação dos manifestos de Dom Hélder Câmara (1909-1999) sobre a violação de direitos humanos no Brasil e as investigações sobre o "Esquadrão da Morte".

De acordo com o jornalista Luiz Cláudio Cunha, em 1972, diante da agressiva escalada de censura prévia, "o diretor do Estadão, Ruy Mesquita [1925-2013], perdeu a paciência com os velhos companheiros de conspiração de 1964 e disparou um telegrama violento para Buzaid": "Sr. Ministro, ao tomar conhecimento dessas ordens emanadas de V. Excia., o meu sentimento foi de profunda humilhação e vergonha. Senti vergonha pelo Brasil, degradado à condição de uma república de Uganda qualquer por um governo que acaba, de forma incrível, de decretar o ostracismo dos próprios companheiros de Revolução" (MESQUITA, 1972, *apud* CUNHA, 2009, p. 213).

Em suas raras declarações, um dos conceitos mais presentes, retoricamente, era o de "liberdade". Mesmo com o AI-5 em vigor no país na década de 1970, dizia que "contra a ideia de liberdade para a prática do mal", "opõe a Revolução a ideia de liberdade para manter a ordem e promover o bem comum". "Existe liberdade política no país. O que não existe é liberdade para fazer propaganda comunista, nem para manter metralhadoras em casa ou assaltar bancos ou promover atentados terroristas" (BUZAID, 1970, p. 41).

Apesar da forte censura, em 1973, ainda quando era ministro, Buzaid teve um problema familiar exposto à opinião pública. Seu filho, Alfredo Buzaid Júnior, conhecido como "Buzaidinho", foi apontado como principal suspeito pela morte da menina Ana Lídia. Com sete anos de idade, Ana Lídia foi raptada e encontrada morta, semissepultada e nua, em área próxima à Universidade de Brasília. A inclusão do nome de "Buzaidinho" no caso foi de pronto descartada, também sob o argumento de se tratar de mais uma "manobra de grupos a serviço da subversão". As investigações seriam obstruídas por manobras diversionistas e, até hoje, o caso permanece como um dos mais emblemáticos exemplos de impunidade prescrita dos poderosos e de sua prole no país.

Argumentando que "uma Revolução que não modifica a ordem jurídica não passa de um golpe", Buzaid seria eternizado como responsável pela coordenação de diversos projetos jurídicos da ditadura, como os Códigos Civil, Penal, Penal Militar, de Processo Penal, Execuções Penais, bem como as Leis de Organização Judiciária Militar e de Introdução ao Código Civil.

O "preclaro jurisconsulto", modo como Médici chamava Buzaid, teve seus serviços recompensados pelo último presidente do ciclo militar, João Baptista Figueiredo, que o nomeou ministro do Supremo Tribunal Federal em 1982. O histórico do jurista, no entanto, levou a Ordem dos Advogados do Brasil (OAB) a não enviar representantes para a sua posse. Faleceu em julho de 1991, vítima de câncer, sendo cultuado pelo meio jurídico hegemônico, ainda hoje.

Luiz Antonio da Gama e Silva
(15 de março de 1913/Mogi Mirim – 2 de fevereiro de 1979/ São Paulo)

Luiz Antonio da Gama e Silva talvez seja o mais duro dos "juristas de exceção" que deram base legal à ditadura civil-militar. O feito mais notório do seu posicionamento à extrema-direita no Ministério da Justiça foi a redação do Ato Institucional nº 5, medida que endureceu de vez a repressão política. Tido como radical demais até pelos setores mais extremistas do Exército, "Gaminha", como era conhecido, tem vasto currículo: além dos rascunhos de atos que produziu — "com forte caráter nazista", como teria caracterizado o presidente Costa e Silva —, comandou também os expurgos de professores na USP quando foi reitor da universidade e levou para o Ministério da Justiça alguns membros do Comando de Caça aos Comunistas (CCC).

Nascido em Mogi Mirim, no interior paulista, Gaminha alçou-se desde 1º de abril de 1964 como representante dos interesses "revolucionários" do grupo militar ligado ao general Costa e Silva. "Ardoroso revolucionário" com quem tinha toda intimidade "desde os tempos de conspiração em São Paulo", conforme afirma o "durista" Jayme Portella (1911-1984) em suas memórias *A Revolução e o governo Costa e Silva*, Gama e Silva foi bom amigo do "Tio Velho" da direita (pseudônimo de Costa e Silva no tempo da conspiração), conhecendo-o quando este chefiava a Região Militar em São Paulo.

Logo que o autonomeado Comando Supremo da Revolução militar assumiu o poder em 1964, Gaminha fora designado ministro da Justiça por Costa e Silva, acumulando também a pasta da Educação. Porém, com a ascensão do chamado "grupo da Sorbonne" e do marechal Castello Branco à Presidência, o jurista da "linha dura" foi rapidamente removido do governo.[3]

Havendo se ligado à conspiração que depôs João Goulart da presidência da República, de acordo com René Dreifuss, Gama e Silva também se destacou como líder do Instituto de Pesquisas e Estudos Sociais (Ipês). Compondo com o jurista Miguel Reale[4] (1910-2006) e o economista Antonio Delfim Netto, ambos da USP, os Grupos de Estudo e Doutrina e de Trabalho e Ação daquele instituto, cujo fim exitoso foi o de desestabilizar o governo Jango, Gama e Silva integrou a diretoria da Centro de Indústrias do Estado de São Paulo (Ciesp), entidade que compartilhava membros,

---

3   As denominações "grupo da Sorbonne" e "linha dura" foram muito usadas pelos jornalistas e pelos primeiros ensaístas que analisaram o regime civil-militar, como é o caso de DREYFUS, 1981. Embora essa divisão tenha se tornado uma referência comum na bibliografia sobre o tema, em especial no tocante às tensões da Doutrina de Segurança Nacional e Desenvolvimento, ela nem sempre é suficiente para entender os militares que comandavam o regime. O caso do presidente João Batista Figueiredo (1979-1985) é emblemático: embora integrasse politicamente o grupo de Castello e, portanto, da Sorbonne, a postura e a trajetória de Figueiredo dentro dos diferentes governos da ditadura permitem aproximá-lo de Médici. O governo Geisel, por outro lado, no número de mortos e desaparecidos, supera o de Médici, o que mostra que o setor "intelectual" do regime foi, no combate aos opositores, tão violento quanto a "linha dura". A política interna dos militares não deve, a nosso ver, perder as nuanças e a complexidade que essa divisão binária pode sugerir.

4   Para detalhes dos perfis de Francisco Campos e Miguel Reale, consultar MACHADO, Rodolfo. *Alfredo Buzaid e a contrarrevolução burguesa de 1964: crítica da ideologia do direito, da política e do Estado de Justiça.* Dissertação de Mestrado. São Paulo: PUC-SP, 2015.

funções e objetivos com a Federação das Indústrias do Estado de São Paulo (Fiesp), sendo ainda diretor da Cia. Prada Ind. e Com. (DREIFUSS, 1981, p. 94).

Reassumindo a reitoria da USP, em 1966, tendo o jurista e professor Alfredo Buzaid como o mais íntimo de seus colaboradores, Gama e Silva impôs, a partir de abril de 1969, a mais draconiana lógica do expurgo na universidade. Formando uma comissão secreta inquisitorial, Gaminha lavrara documento propondo a punição de professores e concluía "serem realmente impressionantes as infiltrações de ideias marxistas nos vários setores universitários, cumprindo que sejam afastados daí os seus doutrinadores e os agentes dos processos subversivos'" (GASPARI, 2002, p. 225). Florestan Fernandes (1920-1995), Caio Prado Jr. (1907-1990) e Fernando Henrique Cardoso foram algumas de suas vítimas na universidade.

Com a vitória do setor liderado por Costa e Silva e a chegada do marechal à Presidência da República, em 1967, o "tio Velho" de pronto recolheu à Pasta da Justiça seu primo Gaminha, este revestindo de "autoridade jurídica" as decisões políticas de um Executivo absolutizado. No exercício de sua função ditatorial, produziu decretos e atos institucionais "revolucionários" em abundância, a cada crise a ser debelada autocraticamente, esvaziando o papel do Congresso e tolhendo as atribuições do Judiciário.

Sendo "o maior ferrabrás civil que já teve na história do Brasil", "aquele cara que 'bota para fora os comunistas!'" e "que você dizia mata e ele dizia esfola" (CHAGAS, 2010, p.

À ESPERA DA VERDADE

11), Gama e Silva levaria consigo para o Ministério da Justiça, como assessores, elementos pertencentes ao CCC.[5]

Na reportagem "Um poder na sombra", da revista *Veja*, de 21 de fevereiro de 1979, o jornalista Antonio Carlos Fon registrou o vírus da radicalização no II Exército pela ação de integrantes do CCC e a intervenção das Forças Armadas no combate à subversão a partir de 1968. O então secretário de Segurança Pública de São Paulo, o jurista Hely Lopes Meireles, afirmara ao jornalista que a ordem de criação da Operação Bandeirantes (OBAN) "me foi passada pelo general Carlos de Meira Mattos e pelo ministro Gama e Silva", considerado este o "grande aliado" do CCC em Brasília no final da década de 1960 (FON, 1979, p. 66).

Tido como "maluco" por Golbery do Couto e Silva e por "velha vivandeira" que "circulava pelos bivaques dos granadeiros" (GASPARI, 2002, p. 343), o general Costa e Silva "tinha como corneta o ministro da Justiça". A corneta, entretanto, começaria a soar por mais expurgos já mesmo na solenidade de posse do segundo presidente do ciclo militar. Durante a cerimônia, teve notícias das críticas ao regime veiculadas em artigo do jornalista Hélio Fernandes, na *Tribuna da Imprensa*. Dessa maneira, Gaminha logo sugeriria a aplicação do AI-2 (na iminência de seu término), negada pelo presidente como má ideia para o início de seu governo. A pretexto de protegê-lo, posteriormente, o jornalista seria

---

5   "O líder do IPÊS Luiz Antônio Gama e Silva [...] levou consigo para o Ministério da Justiça, como assessores, uma série de elementos pertencentes ao Comando de Caça aos Comunistas – CCC, um Grupo paramilitar que incorporava elementos do MAC e do GAP" (DREIFUSS, 1981, p. 467).

confinado na ilha de Fernando de Noronha. Costa e Silva também negaria a seu ministro da Justiça "linha dura" sua renitente proposta de fechar o *Correio da Manhã*.

Em 1968, Gama e Silva foi também responsável pelo fechamento da Frente Ampla, articulação oposicionista de Carlos Lacerda, Juscelino Kubitschek e João Goulart, sustentando ser um movimento "clandestino", não registrado na Justiça Eleitoral. Na "Comissão de Alto Nível" convocada para elaborar um "Estudo para a Reforma da Constituição de 1967", polemizando com o vice-presidente Pedro Aleixo, Gama e Silva se escusava aos demais: "Não me julguem tão radical assim" (GAMA E SILVA, 1982, p. 443).

Na escalada do radicalismo de extrema-direita do segundo governo militar, porém, Gaminha ultrapassaria o próprio presidente. Com a movimentação estudantil e o discurso contestatório de Márcio Moreira Alves, do MDB carioca, os setores mais duros do regime exigiam um novo ato institucional. Segundo Portella, o ministro da Justiça, muito sensível à "apreensão dos Ministros Militares em terem que fazer cassações e suspender direitos políticos com certa urgência, sem dispor de um instrumento legal", vivia alardeando a todos que tinha um ato preparado dentro de sua pasta, "um projeto de AI-5 muito pior do que o que foi afinal editado" (CHAGAS, 2010, p. 11).

O máximo que Costa e Silva conseguiu, de acordo com depoimento de Geisel, "foi abrandar um pouco o texto que o Gama e Silva havia preparado" (D'ARAUJO; CASTRO, 1997, p. 209). O general Olympio Mourão Filho, que liderou o levante de abril de 1964, reproduziu em suas *Memórias: A verdade de um revolucionário* o que lhe pareceu uma frase inteira de Costa e Silva:

> "Mourão, se você lesse o primeiro, você cairia duro no chão, aqui. Era uma barbaridade. Fechava-se o Congresso, modificava-se o Poder Judiciário, além de várias outras medidas de caráter nazista feroz. Recusei assiná-lo. O segundo era mais brando e como quem toma um purgante ruim, assinei-o" (MOURÃO FILHO, 1978, p. 450).

Com o adoecimento de Costa e Silva, a Constituição previa que a sucessão ficaria a cargo de Pedro Aleixo, vice-presidente da República militar. Gaminha, entretanto, trabalhou ativamente no impedimento de Aleixo (a quem detestava), o único contrário à imposição do AI-5 em dezembro de 1968.

Questionado por Gama e Silva, na reunião do Conselho de Segurança Nacional que aprovaria aquele ato, se desconfiava "das mãos honradas do presidente Costa e Silva", Aleixo respondeu negativamente. Acrescentando: "Desconfio, porém, do guarda da esquina" (CHAGAS, 1985, p.135).

Usurpando o poder no verdadeiro "golpe dentro do golpe", alijando os *castellistas* que volveriam com Geisel, os militares "linha dura" baixaram o AI-12, sagrando-se o veto a Aleixo. Conforme Chagas, "quando o Costa e Silva adoece, o Gama e Silva deita e rola. Porque ele é o jurista, também, da Junta Militar". Logo após o sequestro do embaixador norte-

-americano Charles B. Elbrik (1908-1983) pela esquerda armada, em setembro de 1969, o jurista da Junta Militar seria igualmente responsável por uma nova Lei de Segurança Nacional, pelo AI-13, com a introdução da pena de banimento, e pelo draconiano AI-14, com a instituição da pena de morte para além das situações abrangidas pela legislação militar em caso de guerra.

Vicente Rao
(16 de julho de 1892/São Paulo – 19 de janeiro de 1978/São Paulo)

Nos dias que se seguiram ao golpe de 1º de abril de 1964, a ditadura militar tentava dar respaldo legal à deposição do presidente João Goulart. Antes disso, porém, um importante jurista nacional já havia elaborado uma lista de medidas necessárias para a "preservação da segurança pública" e a "restauração da ordem política, financeira e econômica" do Brasil. Para Vicente Rao, ministro da Justiça entre 1934 e 1937, o "Governo Provisório poderia suspender temporariamente as garantias constitucionais".

Rao, no entanto, não estava sozinho ao conspirar contra Jango durante o ano de 1962. Seu fiel companheiro era o diretor-proprietário do grupo O Estado de São Paulo, Júlio de Mesquita Filho, conhecido por ser uma das duas principais fontes de arrecadação para o golpe em 1964, ao lado do então governador paulista, Adhemar de Barros (CAMARGO; GOÉS, 1981, p. 554).

A trajetória do jurista Vicente Rao, nascido em 1892, começou em 1912, ao diplomar-se pela Faculdade de Direito de São Paulo, da qual também se tornou professor. Em 1926 foi um dos fundadores do Partido Democrático, já ao lado de Júlio de Mesquita Filho, apoiando posteriormente a candidatura de Getúlio Vargas à Presidência da República, em março de 1930. Com a vitória da Revolução naquele ano, ao lado de Filinto Müller (Distrito Federal), Rao se tornaria chefe de Polícia em São Paulo.

Romperia com Vargas em 1932, entretanto, ao se engajar pela Frente Única Paulista na guerra civil contra o governo federal. Derrotados os paulistas, de volta do exílio na França, Rao contribuiria à formação do Partido Constitucionalista em 1934 e, no mesmo ano – sinal do congraçamento das elites de São Paulo com o governo Vargas –, assumiu o Ministério da Justiça, permanecendo no cargo até 1937.

Nesse ministério, em luta contra a "sublevação brasileira", controlada supostamente do "estrangeiro que nos agride", e sob o signo "do estado de guerra interna", Rao elaborou a primeira lei de Segurança Nacional, em 1935 – a chamada "lei monstro". Instituiu nesse ano, também, o Tribunal de Segurança Nacional para punir elementos da "Intentona" de outubro, criando, em 1936, a Comissão Nacional de Repressão ao Comunismo. Desbaratou ainda a frente de esquerda antifascista da Aliança Nacional Libertadora, incriminando-a por "subversão comunista".

Vicente Rao, também um dos fundadores da USP, ainda foi o responsável pela deportação à Alemanha hitlerista, enquanto "elemento indesejável", da militante comunista

Olga Benário Prestes, grávida de sete meses, assassinada em um campo de concentração em 1942.

Na década de 1960, em plena Guerra Fria, o anticomunismo de Rao caía como uma luva para os conspiradores contrários a Jango. O projeto legislativo denominado "Ato Institucional do Governo Provisório da República" foi, de acordo com o jornalista José Stacchini, apresentado no início de 1962 aos chefes do chamado "Estado-Maior revolucionário" (ou "clandestino"), integrado pelo brigadeiro Gabriel Grum Moss (1904-1989), o marechal Odylio Denys (1892-1985) e o almirante Sylvio Heck (1905-1988).

Stacchini interpretou esse esboço de Ato Institucional de Rao e Mesquita como a única autêntica preocupação a respeito "da institucionalização do novo poder antes da queda de Goulart". Citando ainda carta de Mesquita, de 1962, àquele "Estado-Maior" da conspiração civil-militar, intitulada "Roteiro da Revolução", na qual o diretor do grupo Estado de S. Paulo julga indispensável "uma limpeza radical dos quadros da Justiça" com a "implantação do novo estado de coisas", para apagar "da nossa História os hiatos abertos na sua evolução pela ditadura do sr. Getúlio Vargas", o jornalista Stacchini arremata: "São – carta e projeto de Ato Institucional – documentos autênticos para a história do 31 de março" (STACCHINI, 1965, p. 18).

Esse projeto de Ato Institucional atribuía a uma Junta Militar formada por Exército, Aeronáutica e Marinha o exercício provisório do governo da República. Em seu artigo 6º, dissolviam-se Senado Federal, Câmara dos Deputados, Assembleias Legislativas dos Estados e Câmaras Municipais. No

§ 1º do artigo seguinte, atribuía-se poder absoluto ao Governo Provisório, "a todo tempo, para confirmar ou destituir os atuais Governadores dos Estados e nomear Interventores".

Explicitando, assim, a confluência da vocação política autocrática do jurista Vicente Rao com o conservadorismo liberal proprietarista do Estado de S. Paulo, o artigo 11 do projeto de Ato Institucional aduzia, sem quaisquer ilusões democrático-liberais constitucionalistas:

> Atendendo à necessidade de preservação da ordem e da segurança pública e a fim de executar o seu programa de moralização e restauração da ordem política, financeira e econômica, o Governo Provisório poderá suspender temporariamente as garantias constitucionais. § 1º. Não será permitida a apreciação judicial dos Atos do Governo Provisório (...) praticados de conformidade com o presente Ato Institucional. § 2º. É mantido o habeas-corpus tratando-se de acusação ou processo por crimes comuns, excluídos os crimes contra as instituições, bem assim os crimes contra a organização do trabalho, os meios de comunicação e transporte, a saúde pública e os crimes (...) contra a Administração Pública (RAO; MESQUITA FILHO, 1962, *apud* STACCHINI, 1965, p. 19).

Em virtude do teor abertamente ditatorial deste rascunho de Ato Institucional, o jornalista Luiz Cláudio Cunha afirmou tratar-se do "mesmo instrumento de força que a ditadura anos depois faria o jornal engolir com o AI-5, na forma de versos e receitas de bolo" (CUNHA, 2009, p. 184).

Após atuação no Ministério das Relações Exteriores durante o segundo governo Vargas (1951-1954), Vicente Rao assumiria ainda funções de membro do Conselho Administrativo da São Paulo Light S.A. "Se há capital que se pode considerar nacionalista, ainda que venha de fora, este é o da Light, que tanto colaborou na organização econômica do Brasil" (RAO, 1957, p. 48).

Advogado exímio dos interesses do capital estrangeiro no Brasil, Rao compôs igualmente o "Estado-Maior da Hanna Mining", poderosa companhia norte-americana dedicada a exploração e comércio de minérios, ao lado de outros juristas eminentes como Francisco Campos, Pontes de Miranda, Dário de Almeida Magalhães (1908-2007) e Caio Mário da Silva Pereira (1913-2004) (PEREIRA, 1967, p. 489).

Após o golpe de Estado de 1964, durante a crise que ensejaria no governo Castello Branco a promulgação do Ato Institucional n.º 2, de 1965, Rao ainda seria procurado por Jayme Portella, a pedido do ainda ministro da Guerra, Arthur da Costa e Silva. "O Ministro Costa e Silva mandou-me ao Dr. Vicente Rao, seu velho amigo, a São Paulo, solicitar um projeto de Ato Institucional para fazer face à delicada situação político-militar" (MELLO, 1979, p. 284). Segundo Luís Viana Filho (1908-1990), o parecer foi no sentido de que "Vicente Rao opinava continuar a fonte do poder constituinte da Revolução em mãos do Presidente da República. Nada o impedia de novo Ato Institucional" (VIANA FILHO, 1975, p. 338).

Desse modo, comentaria o próprio Vicente Rao acerca desse episódio que o seu mais novo projeto de Ato Institucional "foi remetido ao então ministro da Guerra, ainda candidato, Arthur da Costa e Silva. Mas quando chegou ao Ministério, esse desapareceu. (...) O que não impediu que o ministro Costa e Silva, depois presidente, desde então me houvesse transformado em seu assessor".

O anticomunismo, pois, como núcleo básico aglutinador das concepções e práticas conservadoras, revelaria pela figura do jurista de exceção Vicente Rao a longevidade e abrangência históricas da ideologia contrarrevolucionária da Segurança Nacional. Apto a congregar os interesses de proprietários sob a bandeira do anticomunismo, Rao, que foi eternizado em nome de avenida na Zona Sul de São Paulo, entrou para a história do país como aliado de personalidades tão díspares como Vargas, Costa e Silva e Júlio de Mesquita Filho. Nota-se, portanto, que algo os unia.

Advogados da resistência

Rodolfo Machado

Além de romper com a ordem constitucional de 1946 e suspender garantias políticas e direitos civis básicos, o regime de exceção brasileiro produziu efeitos ainda mais profundos no ordenamento jurídico nacional. Embora a ditadura civil-militar tenha permanecido oficialmente no Brasil por 21 anos, boa parte da legislação de Segurança Nacional aprovada persiste até hoje. Além de inúmeros códigos jurídicos, o governo autocrático brasileiro também fez malabarismos no Poder Judiciário para tentar passar à opinião pública internacional a impressão de que aqui não reinava uma ditadura: fortaleceu a Justiça Militar buscando travestir de alguma legalidade perseguições políticas aos "inimigos" da ordem.

No documentário de Silvio Tendler intitulado *Os advogados contra a ditadura. Por uma questão de Justiça,* o histórico defensor de presos políticos Antônio Modesto da Silveira conta sobre a formação e composição da Justiça Militar brasileira. Criada para que os militares dessem a impressão à opinião pública internacional de que seus opositores eram presos e julgados com direito de defesa, os "nomes escolhidos estavam entre os piores militares para cumprirem ordens". Nas Auditorias Militares de primeira instância, "com quatro militares sem nenhuma formação jurídica e um juiz de direito, todos tinham o mesmo voto, entretanto, como se fossem cinco juristas", destaca Modesto.

Logo em abril de 1964, o golpe de Estado já subvertia o direito e a ordem constitucional de 1946. No dia 9 daquele mês, a consagrada pena do velho jurista "Chico Ciência", histórico apelido de Francisco Campos, redator da Constituição da ditadura de 1937, invocava ardilosamente que "a Revolução Vitoriosa, como Poder Constituinte originário, se legitima por si mesma". A assim chamada "legislação da Revolução", com a bizarra (mas estratégica) convivência de duas ordens jurídicas em uma — a constitucional e a institucional "revolucionária" —, ainda em abril de 1964 criou as Comissões Gerais de Investigação (CGD). Essas unidades passaram a centralizar centenas de Inquéritos Policiais Militares (IPMs) para apurar os "atos de subversão" que teriam sido praticados por alguns milhares de cidadãos em todo o país, ligados — ou mesmo suspeitos de simpatia — à política nacional-popular das Reformas de Base do governo deposto do presidente João Goulart.

A Justiça Militar brasileira, com toda sua particularidade, está estruturada através de Circunscrições Judiciárias Militares que coincidem com a base territorial das Forças Armadas em determinada área: uma Região Militar do Exército, um Distrito Naval da Marinha e um Comando Aéreo Regional da Aeronáutica.

Para fazer valer seus direitos humanos entre abril de 1964 e outubro de 1965, quando se promulga o AI-2 (Ato Institucional nº 2), os atingidos pela ditadura ainda tinham a possibilidade de recorrer à Justiça Comum e ao STF por intermédio de seus advogados. "Com isso, centenas de IPMs foram interrompidos por decisão dessa Corte antes de alcançarem a etapa judicial, ou travados em fases posteriores, sem atingir a hora do julgamento", de acordo com o projeto "Brasil: Nunca Mais" (ARNS, 2011, p. 199).

Até a decretação do AI-5, o recurso mais utilizado pelos atingidos era a impetração de habeas corpus. Apesar disso, com a edição do AI-2 em 27 de outubro de 1965, a Justiça Militar passou a monopolizar a competência para processar e julgar todos os crimes contra a Segurança Nacional, ampliando enormemente seu alcance sobre as atividades de civis.

Com a crescente militarização do ordenamento jurídico sob a ideologia da Guerra Fria de combate ao "inimigo interno", os processos envolvendo supostos crimes contra o Estado brasileiro passaram a ser competência exclusiva do Foro Militar. A regra se manteve e foi aprofundada com a promulgação das sucessivas Leis de Segurança Nacional. Após a edição do AI-2, os IPMs também passaram a ser regidos pelo Código de Justiça Militar e encaminhados às Auditorias Militares.

Com o endurecimento do regime a partir do "golpe dentro do golpe" perpetrado pela Junta Militar que se apossou do poder em 1969, interditando o então vice-presidente de Costa e Silva, o jurista mineiro Pedro Aleixo, foi baixado verdadeiro "pacote" legislativo para a Justiça Militar. Editaram-se ao mesmo tempo o Código Penal Militar, o Código de Processo Penal Militar e a Lei de Organização Judiciária. Todos dispõem sobre a estruturação dessa Justiça de exceção e guerra. "Esses Códigos, de um rigor extremado, ajustaram a Justiça Militar aos novos tempos, de implacável repressão judicial aos opositores do Regime Militar" (ARNS, 2011, p. 203).

Entretanto, os juristas do antigo regime já vinham assessorando os militares extremistas desde muito tempo antes, coordenando a elaboração dessa autonomeada "legislação revolucionária", enfim aprimorada com adequada técnica legal pela Junta Militar, em 21 de outubro de 1969.

Voltando um pouco mais no tempo, porém, observa-se que o ministro da Justiça de Costa e Silva, Luiz Antonio da Gama e Silva, já nomeara em 1967 o seu colega e professor Alfredo Buzaid — não por acaso o futuro ministro da Justiça do governo Médici — como coordenador da revisão de todos os códigos da ditadura. O integralista de Jaboticabal, interior de São Paulo, ficou a cargo da "renovação da ordem jurídica positiva" do regime.

A partir de 1967, Buzaid coordenaria a elaboração e a aprovação de uma enxurrada de códigos jurídicos de teor autocrático. Um dos mais relevantes para a população foi o Código de Processo Civil (CPC), promulgado em

À ESPERA DA VERDADE 113

1973 e redigido por ele próprio, configurando seu processualismo, conforme observa o jurista Daniel Mitidiero, a "prestação de uma tutela jurisdicional repressiva" (MITIDIERO, 2010, p. 166). Nela, com a preocupação maior de garantir a segurança da propriedade privada, defende-se com o mais absoluto rigor a proteção preventiva da posse contra quaisquer agressões através dos chamados "interditos proibitórios", utilizados até hoje pelos proprietários em suas reintegrações de posse.

Além disso, o "jurista da exceção" coordenaria a elaboração dos seguintes diplomas legais: Código Civil, Código Penal, Código de Processo Penal, Código de Sociedades, Código de Títulos de Crédito, Código de Navegação Marítima, Código de Contravenções Penais, Código de Execuções Penais e Lei de Introdução ao Código Civil.

Diante de tamanho legado jurídico, o especialista Jorge Zaverucha atesta: "O arcabouço jurídico da Doutrina da Segurança Nacional, a Lei de Segurança Nacional, não foi abolido. A presença militar na segurança pública é crescente". O autor destaca que ainda há na Constituição de 1988 cláusulas herdadas do regime de exceção. "Cabe às Forças Armadas o poder soberano e constitucional de suspender a validade do ordenamento jurídico, colocando-se legalmente fora da lei", escreve. Assim, a Carta constitucionalizou o golpe de Estado, liderado pelas Forças Armadas em nome "da lei e da ordem".

Outro ponto destacado por Zaverucha diz respeito justamente à penetração das Forças Armadas nas áreas de competência própria da jurisdição do poder civil constituído politicamente no Judiciário, ao mostrar que a transição democrática ainda não conseguiu sanar todas as contradições e sobreposições do sistema legado de Justiças Comum e Militar. "Militares que perpetraram crime civil são investigados por colegas de farda. No entanto, são julgados por juízes civis" (ZAVERUCHA, 2013, p. 60).

A "advocacia-arte"

Os organizadores do livro *Advocacia em tempos difíceis. Ditadura Militar (1964-1985)*, um volumoso apanhado com 34 entrevistas colhidas de advogados e advogadas que defenderam presos políticos durante a ditadura civil-militar, escolheram para o lançamento do projeto um local emblemático: o prédio paulista do extinto Tribunal da Justiça Militar. Ali funcionava uma das antigas filiais do braço marcial do Poder Judiciário na ditadura, a Justiça Militar, instrumento criado pelo regime de exceção que obrigou aqueles corajosos defensores que resistiram à autocracia militar e ousaram defender militantes de esquerda a usar de subterfúgios técnico-jurídicos da própria legislação de exceção para suspender torturas e evitar mortes. O exercício da profissão naqueles tempos sombrios ganharia depois um apelido: "advocacia-arte".

O edifício da avenida Brigadeiro Luiz Antônio, no centro de São Paulo, que já sediou três auditorias-militares e possuía uma "sala de guarda" ao fundo (espécie de antecâmara destinada a torturas que dava oportunidade ao preso de "repensar" seu pronunciamento perante o juiz), abrigará o Memorial da Luta pela Justiça. As linhas de ação museológica preveem a construção de um local que abranja centro de pesquisas acadêmicas, guarda de acervos históricos, divulgação cultural e ações educativas nas várias dimensões da luta por memória e justiça.

Presente na ocasião, Belisário dos Santos, que compôs a Comissão da Verdade da Ordem dos Advogados do Brasil da Seção São Paulo (OAB-SP), foi um dos advogados entrevistados. Belisário caracterizou o antigo Tribunal da Justiça Militar como um lugar de "trama insidiosa": "uma farsa de justiça em favor da tortura". Através do memorial, disse o defensor fichado como "advogado de terroristas" pelo Departamento de Ordem Política e Social (DOPS), "vamos contar a história da justiça e deixar uma mensagem à juventude de hoje sobre o que foi o golpe civil-militar de 1964. Rompendo a barreira do silêncio", arrematou.

Organizado pela Fundação Getúlio Vargas (FGV), em trabalho coordenado por Paula Spieler e Rafael Mafei, o livro *Advocacia em tempos difíceis* — disponibilizado gratuitamente na internet — traz um compêndio de relatos sobre o destemor e a firmeza de advogados que defendiam suas prerrogativas funcionais e os direitos fundamentais de seus clientes. Eram poucos — "uns 20 ou 30", como registra o advogado e dramaturgo Idibal Pivetta, preso em 1971 no Destacamento de Operações de Informações – Centro de Operações de Defesa Interna (DOI-CODI). "Todos tínhamos telefone grampeado, correspondências violadas, sofrendo com invasões de escritório e residência, perseguições, prisões, sequestros e torturas por agentes policiais e militares", relata Pivetta.

Testemunhos de coragem, criatividade e destreza no manejo dos mecanismos legais da ditadura, a "advocacia-arte" envolvia o conhecimento apurado dos meios jurídicos e processuais empregados pelo regime de exceção para torná-los uma ferramenta a favor da justiça no combate ao terrorismo de Estado legalizado. A advogada de presos políticos e membro da Comissão Nacional da Verdade (CNV) Rosa Cardoso, por exemplo, afirma que os defensores conheciam exatamente todas as dimensões técnicas dos instrumentos legais da ditadura, sobretudo os que seriam utilizados no Superior Tribunal Militar (STM) e Supremo Tribunal Federal (STF).

Uma dessas práticas foi o uso político e estratégico do habeas corpus após 1968, ainda que esse dispositivo jurídico tivesse sido extinto pelo excepcionalíssimo Ato Institucional nº 5 (AI-5). O objetivo dos peticionários era obrigar o sistema judiciário a "reconhecer" o réu: forçar a legalização da prisão e registrar a responsabilidade jurisdicional, identificar e localizar clientes presos ou desaparecidos para suspender e diminuir as torturas, sequestros e mortes dos inimigos do antigo regime.

Na ausência do instrumento jurídico próprio para libertar o cliente que estivesse sofrendo constrangimento por abuso de autoridade, os advogados se valiam de alternativas não previstas em lei para evitar diversas mortes — em muitos casos, com êxito. Dessa forma, demonstravam aos agentes da repressão estatal que estavam cientes do desaparecimento de determinada pessoa. Pressionavam, sobretudo, o STM a prestar esclarecimentos. Através da petição de habeas corpus, além da divulgação internacional das prisões políticas e das violações dos direitos humanos perpetradas pelos agentes do Estado, os advogados contra a ditadura conseguiam quebrar a incomunicabilidade do preso, permitindo a adoção de outras medidas legais para visitá-lo e entrevistá-lo.

Em tempos de supressão das garantias constitucionais de 1946, o criminalista Nilo Batista lembra que sempre indicava como autoridades coatoras nos seus habeas corpus o Centro de Informações da Marinha (CENIMAR), o Centro de Informações da Aeronáutica (CISA), o Centro de Informações do Exército (CIE), o DOI-CODI e o DOPS. Somente em 1978, o então presidente-general Ernesto Geisel suspenderia os atos institucionais, restituindo o basilar habeas corpus, garantia multissecular de proteção e defesa do indivíduo e de sua liberdade de locomoção quando lesado ou ameaçado por ato abusivo de autoridade.

Esse conjunto de estratégias e táticas jurídicas ganharia, mais tarde, um apelido. A sugestiva expressão "advocacia-arte" foi usada por Mario de Passos Simas para caracterizar a advocacia naqueles tempos difíceis. Simas defendeu o cardeal Dom Paulo Evaristo Arns em ação penal trancada por falta de justa causa, na qual o clérigo era acusado de ter patrocinado o livro publicado pela Editora Vozes em 1985, *Brasil: Nunca Mais — dossiê e radiografia das torturas praticadas pela Justiça marcial do Estado* que, de fato, expunha a real face do tipo de "abertura" conduzida ciosamente pela ditadura.

A primeira comissão da memória, justiça e verdade

Desenvolvido pelo Conselho Mundial de Igrejas junto à Arquidiocese de São Paulo, também contando com a coordenação do reverendo James Wright (1927-1999), a história do projeto "Brasil: Nunca Mais" constituiu espécie de primeira comissão da memória, verdade e justiça acerca dos crimes e responsabilidades dos agentes da ditadura. Teve suas origens a partir dos diálogos da advogada Eny Raimundo Moreira com o doutor Sobral Pinto (1893-1991), decano dos advogados de presos políticos com quem trabalhava. Preso por três dias logo na edição do AI-5, o doutor Sobral se recusaria a prestar depoimento a seus algozes da Justiça Militar.

A doutora Eny, presa em 1969 e em 1970, relata que Sobral lhe assegurava possuir as únicas cópias existentes dos processos políticos e das torturas da ditadura Vargas (1937-1945) contra os comunistas Luís Carlos Prestes (1898-1990) e Harry Berger (1890-1959). Berger foi preso e severamente torturado, sendo seu o caso em que Sobral exigiu ao governo a aplicação da Lei de Proteção aos Animais, "porque nem a um animal se admite passar o que esse homem está passando!".

Sob essa influência, Eny Moreira solicitou a dom Paulo, então, auxílio para realizar as fotocópias dos processos que tramitavam junto ao STM, nos quais todos os acusados eram incursos em crimes políticos contrários à Segurança Nacional. Com a autorização do reverendo, não à toa conhecido como "o cardeal dos direitos humanos", o advogado Luiz Carlos Sigmaringa Seixas foi incumbido de retirar os processos do arquivo do STM e copiá-los numa sala comercial alugada em Brasília. Os funcionários contratados não sabiam do conteúdo perigoso do material que fotocopiavam.

O cardeal-arcebispo de São Paulo assinaria em 1985 o prefácio da obra, "afinal, o próprio Cristo, que 'passou pela Terra fazendo o bem', foi perseguido, torturado e morto" e "a tortura, além de desumana, é o meio mais inadequado para levar-nos a descobrir a verdade e chegar à paz". Hoje, felizmente, toda a documentação histórica e jurídica resgatada pelo BNM foi disponibilizada online.

Além de importantes depoimentos dos advogados de resistência à ditadura, as memórias presentes no livro *Advocacia em tempos difíceis* trazem fundamentais referências sobre os juristas de exceção, colaboradores políticos e legistas assíduos do antigo regime militar. O advogado Luiz Eduardo Greenhalgh, por exemplo, rememora o incômodo no Largo de São Francisco com a presença do professor Luiz Antonio da Gama e Silva, idealizador do AI-5, e do antigo integralista Miguel Reale, ferrenho defensor do regime ditatorial, alçado à condição de reitor da USP. Futuro ministro da Justiça e membro do STF, o professor Alfredo Buzaid foi outro docente de extrema-direita daquela faculdade. Como relata o advogado Flávio Flores da Cunha Bierrenbach, em depoimento inédito, "Alfredo Buzaid chegou a fazer até visita aos porões do DOI-CODI" (BIERRENBACH, 2013, p. 275).

No mesmo dia em que foi lançado o livro da FGV, também foi apresentado o documentário dirigido por Silvio Tendler, que conta com depoimentos de profissionais do direito que atuaram na época contra o terror de Estado legalizado.

Na apresentação, o documentarista relatou que, antes de fazer cinema, cursava na PUC-RJ a disciplina de Introdução à Ciência do Direito, em 1969. Foi quando leu no jornal notícia que estampava: "presos os advogados de presos políticos". "Abandonei a sala de aula e o direito, virei cineasta e agradeço aqueles que persistiram no direito". O choque do arbítrio ditatorial deve ter sido forte para Tendler, pois estão estampadas no começo do filme as cenas da prisão dos advogados George Tavares, Heleno Fragoso (1926-1985) e Augusto Sussekind (1917-2012), bem como as torturas sofridas por um ano de prisão para averiguações de Wellington Cantal, defensor do Comando Geral dos Trabalhadores (CGT) que chegou a processar o comandante do DOI-CODI do II Exército de São Paulo.

Tendler resgatou também, no lançamento, a luta de artistas, jornalistas, trabalhadores, sindicalistas, políticos e militares perseguidos pela ditadura de 1º de abril de 1964. Com a escalada repressiva através do AI-5, porém, no momento mesmo em que sua geração tentava se reerguer, coube a poucos e corajosos advogados da resistência "proteger esses jovens que pagaram com suas vidas e liberdade para podermos estar reunidos aqui hoje". "Eu apenas compilei histórias, vocês que as fizeram", concluiu o cineasta.

"Repressão a trabalhadores foi alma da ditadura"

"Houve um viés de classe no golpe e na ditadura militar", afirmou a advogada de presos políticos Rosa Maria Cardoso, ex-coordenadora da CNV (Comissão Nacional da Verdade), em evento público em setembro de 2013, no Rio de Janeiro. Como a repressão ao movimento dos trabalhadores e sindicalistas foi a "alma da ditadura", a violação dos direitos humanos deve ser abordada "a partir de uma perspectiva da classe trabalhadora".

Rosa Cardoso, responsável pelo grupo de trabalho que estudou a repressão ao sindicalismo na CNV, ressaltou que suas pesquisas concluíram que 57% dos mortos pela ditadura eram trabalhadores. Segundo ela, é preciso combater o mito difundido pelas classes dominantes de que "a repressão atingiu somente as classes médias".

Daí surge a necessidade de "dar voz à memória e à verdade desta maioria numérica". "Não há Estado de Direito se a maioria numérica não for ouvida", afirmou Rosa Cardoso na ocasião, apontando para a necessidade de reconstrução do "ímpeto de judicialização dos casos de graves violações de direitos humanos".

A pesquisadora, que figurou como coordenadora da CNV entre maio e agosto de 2013 — função que foi exercida de forma rotativa entre os membros da comissão —, explicou que as violações aos mais básicos direitos civis e políticos ocorridas na ditadura militar estão relacionadas ao arrocho salarial. Isto é, a superexploração da força de trabalho nacional, com "terror" de Estado como fator de estímulo à produção e acumulação das classes possuidoras.

Esse mesmo padrão se repete até hoje. Para Rosa, há uma natureza indissociável entre desigualdade socioeconômica e violações de direitos, o que comprova o erro daqueles que creem que "a afirmação dos direitos humanos no Brasil seria uma afirmação burguesa".

A relação de cooperação entre empresariado e ditadura militar também foi ressaltada por Rosa Cardoso. O vínculo entre governo e capital pode ser visto em documentos enviados voluntariamente pelas empresas ao Estado para a perseguição dos "subversivos", o que evidencia a relação cooperativa entre as duas partes.

"As vítimas têm o direito de lembrar e contar, chorar e soluçar a dor que sentem. É o direito de declarar que o passado não passa", disse Rosa. Ela explicou que o direito à memória é um instrumento político-jurídico que permite às vítimas, amigos, familiares e à própria sociedade inserir o passado no presente.

A relação umbilical entre o direito à memória e o direito à verdade exige "uma verificação exaustiva do passado". De acordo com a advogada, esta é uma tarefa que envolve efetiva participação estatal e que encontra sua forma mais concreta na constituição de uma Comissão Nacional da Verdade pelo Estado.

Nesse trânsito do direito à memória ao direito à verdade, afirma Rosa, a CNV teve o papel de articular o conturbado vínculo entre vítima e Estado, principalmente quando este reconhece as atrocidades cometidas em passado recente como crimes de lesa humanidade, nos assassinatos, torturas, desaparecimentos, sequestros e ocultação de cadáveres executados por seus agentes e mandatários.

Contudo, salientou Rosa Cardoso, a busca e a divulgação da verdade na sociedade civil são permeadas por grandes tensões. Se, de um lado, há os torturados, do outro há os torturadores e seus apoiadores, assim como no interior do Estado, "que também é fragmentado".

É importante registrar que a verdade é, na realidade, uma verdade política e jurídica, configurando-se mesmo um "direito à justiça", cuja "fonte privilegiada é a voz das vítimas e de suas testemunhas". O que exige, segundo Cardoso, a coragem de "confrontar o poder com a verdade histórica, ao contrário da fala conveniente e hipócrita", preparando-se, assim, para as esperadas retaliações.

"Nós devíamos investigar e entender abusos e violações cometidas no passado sobre os quais ainda há desconhecimento e disputa política no presente", ponderou. Somente através de exaustiva confrontação de documentos, poderemos, quiçá, falar em "reconciliação nacional".

Cabo Anselmo,
o traidor desmascarado

Haroldo Ceravolo Sereza / Joana Monteleone

A conversa começou às 10h30 em ponto de uma terça-feira de março, dia 24, conforme combinado anteriormente. Carlos Eugênio Paz chegou antes, como é de sua formação, e tocou a campainha, no horário. Subiu as escadas e dirigiu-se à sala de reunião.

A primeira parte da conversa não foi gravada. Seu objetivo era entender como a Ação Libertadora Nacional (ALN) sabia tanto sobre os empresários que financiaram o golpe militar de 1964 e que ajudariam, com a mobilização de recursos, instituições e projetos, a construir o regime que não teve um fim muito claro: teria ele acabado em 1985, com a eleição de Tancredo Neves? Ou 1988, com a promulgação da Constituição? Ou 1989, com a primeira eleição presidencial direta? Ou, ainda, em 1992, com a destituição de Fernando Collor de Mello?

A partir da aprofundada pesquisa que deu origem a este livro, ficou evidente para nós que os alvos empresariais dos guerrilheiros da ALN, com uma frequência enorme, eram as empresas que mais colaboraram com o golpe e, principalmente, com a brutal repressão contra os opositores — o caso mais conhecido é o da execução do empresário dinamarquês Henning Albert Boilesen, presidente da Ultragaz. Foi Carlos Eugênio Paz, codinome Clemente, o alfa da operação, responsável pelo tiro que confirmou a morte do empresário a 15 de abril de 1971, na esquina da rua Professor Azevedo Amaral com a alameda Casa Branca.

Ou seja, a ALN sabia. Sabia, a quente, com precisão, quem eram os empresários que mais colaboravam com o regime, os que estavam envolvidos até o pescoço com a ditadura. Decidimos entrevistar Carlos Eugênio para esclarecer alguns detalhes dessa pesquisa.

Alguns pesquisadores do grupo haviam lido os livros de Carlos Eugênio, *Viagem à luta armada* e *Nas trilhas da ALN*, em que ele narra suas memórias do período. São livros emocionantes, com frases secas bem escolhidas, claramente inspirados pelas narrativas de Jack London (1876-1916) e Albert Camus (1913-1960), dois de seus autores preferidos. Mas alguns desses detalhes não estavam lá.

Finda essa primeira parte, fomos almoçar. A comida acabou e continuamos na mesa, conversando sobre amenidades e conjuntura atual, até a hora em que Carlos Eugênio precisava de mais um cigarro. Voltamos para um outro espaço e decidimos gravar. Mais algumas grandes histórias e percebemos que o som não estava funcionando. Acontece. Suspiramos, pedimos muitas desculpas ao entrevistado, arrumamos umas bolachas e um café e seguimos em frente — desta vez com o som testado e funcionando, retomando alguns pontos discutidos anteriormente.

Nesta entrevista,[6] Carlos Eugênio tratou de temas e ações essenciais para entender a ALN, uma dissidência do Partido Comunista Brasileiro agrupada por Carlos Marighella em 1967, seu programa político e sua maneira de atuar.

No primeiro trecho gravado, Carlos Eugênio conta como descobriu que o Cabo Anselmo, um infiltrado pelo regime na Vanguarda Popular Revolucionária, a VPR de Carlos Lamarca (1911-1971), era um traidor. No segundo, avalia que, do ponto de vista institucional, a grande vitória da luta armada contra o regime de exceção foi a campanha, promovida pela ALN, em defesa do voto nulo nas eleições de 1970. Na última parte, Carlos Eugênio conta como viveu no exílio em Paris, estudou violão e retornou ao Brasil, além de dar detalhes de suas relações familiares — com o pai, um ex-integralista, e a mãe, que ele, inclusive, "recrutou" para a ALN.

Do lado do Fleury

José Anselmo dos Santos, o Cabo Anselmo, teve uma participação ativa nos protestos dos sargentos da Marinha em 1964, pouco antes do golpe. Há forte suspeita de que o líder,

---

6   Os vídeos estão disponíveis em http://operamundi.uol.com.br/conteudo/samuel/40260/o+dia+em+que+a+luta+armada+descobriu+que+cabo+anselmo+era+um+traidor.shtml

depois do golpe, "fugiu" pra Cuba e retornou ao Brasil em 1970. Preso por Sergio Paranhos Fleury (1933-1979), do Departamento de Ordem Política e Social (Dops) de São Paulo, ele alega ter mudado de lado passando a atuar como agente infiltrado.

"Eu fazia contato com a VPR na época com o Moisés, o [José] Raimundo [da Costa], o sargento Moisés, grande companheiro. A gente se tornou, inclusive, amigos. E Moisés um dia me disse: olha, o cabo voltou. Hoje em dia a gente sabe que nem cabo ele foi", conta Carlos Eugênio Paz. José Raimundo da Costa (1939-1971) viria a "cair", ou seja, ser preso pelos agentes da ditadura e levado ao Destacamento de Operações de Informações – Centro de Operações de Defesa Interna (DOI-Codi), onde seria morto, em 1971, justamente devido à infiltração do Cabo Anselmo.

"A gente tinha notícias do cabo Anselmo em Cuba. De repente, saber que ele estava aqui...". Os contatos avançaram, e Anselmo insistia em conhecer o "Clemente". "Mas eu falei, ué, mas por quê? Daí um dia eles disseram: o cabo quer marcar um ponto. E eu disse seriamente: por que o cabo quer marcar um ponto comigo?" A explicação é que o cabo queria saber como Clemente, "um cara que já estava sobrevivendo há muito tempo", se organizava para se manter atuante na luta armada na clandestinidade, "como você faz pra não cair".

Um dia, ao conduzir o companheiro Paulo de Tarso Celestino (1944-1971), conhecido como "Meu Avô" na guerrilha, para um ponto com o Anselmo, Clemente ficou dando voltas na região do Brooklin Novo, zona sul de São Paulo. "Enquanto eu dava voltas na região [antes de pegar Meu Avô novamente], senti que a região estava vigiada. Quando ele entrou, eu falei, pega aí a matraca que eu estou sentindo uma área muito carregada, tá minada".

Pouco à frente, a suspeita se confirma: "Quando eu olhei assim, tinha à nossa direita um Opala com o [delegado do Dops, Sérgio Paranhos] Fleury dirigindo. Com um cara ao lado direito que eu não vi a cara e um cara no banco de trás que eu vi menos ainda a cara. Mas era o Fleury." "Eu sempre pensei que fosse pra esconder o Anselmo."

A ALN recebeu informações da cadeia de que Anselmo teria sido preso, junto com outro militante, o que não se confirmou do lado de fora.

Esses dois episódios fizeram Clemente dizer aos companheiros: "Vocês não estão enxergando, esse homem está colaborando. Está bom, vamos marcar o ponto. Agora eu quero", lembra, na entrevista. "Montei o esquema. Coloquei alguns companheiros legais para andar na área e eles me disseram: esquema nós não vimos ser montado. Daí falei: está bom, vou entrar no ponto."

O encontro ocorreu na Vila Mariana, no fim do mês de junho de 1971 — "dia 29 ou 30". Mas Carlos Eugênio não confiava no interlocutor. "E realmente o camarada só sabia me fazer perguntas: 'Como você monta aparelhos?'; 'Ah, eu tenho um casal de velhinhos que aluga umas casas para mim, e eu sou o sobrinho deles, às vezes eu compro uma casa, ponho outro casal, é sempre assim que eu monto, me apoiando nas pessoas'. Tudo mentira, eu menti descaradamente."

Na volta ao carro, a desconfiança cresceu: "Eu entrei no carro e falei: Iuri, faz uma meia-volta, vamos atrás desse cara, vamos ver aonde ele vai." Rapidamente, a suspeita foi confirmada: "Aí desvendamos o Cabo Anselmo. Por quê? Quando chegamos na ruazinha em que ele tinha entrado, tinha uma Kombi parada, dois fuscas, o delegado Fleury, um monte de tiras e o Anselmo conversando com isso tudo."

"O Fleury olha pra gente e corre pra entrar no carro. A gente se manda." Começa uma cena de perseguição pelas ruas da Vila Mariana, descritas em detalhes, como se tivessem ocorrido ontem. "Quando fomos chegando, os caras atrás."

Prevendo que seriam cercados, Carlos Eugênio diz a Iuri que não havia alternativa a não ser fazer meia-volta e enfrentar os repressores. "Quando estava quase chegando no fim da Jorge Tibiriçá, ele dá um balão, eu pego uma Lugger 9 mm, e nisso a Kombi se atravessa na rua, para barrar nossa passagem, os dois fuscas vão pro lado e os caras vão para o matagal, para ficarem atirando na gente. Não ficou um vidro em pé nesse carro."

Uma bala passa tão perto da orelha de Iuri e a esquenta, mesmo sem tocar. Clemente pega sua 9 mm, e Iuri começa a forçar a passagem, como bate e voltas, no pequeno espaço entra a Kombi e um carro estacionado, até conseguir liberar. "Eu gastei uns quatro ou cinco pentes de Lugger, depois eu soube que eu acertei, quer dizer, eu errei um tiro no Fleury. Se eu só acertei o nariz, eu errei."

Iuri consegue, afinal, romper a barreira e escapar do cerco. Assim que podem, os quatro guerrilheiros descem do veículo baleado e pegam um outro carro. Esse carro seria, em seguida, abandonado na Aclimação, na rua Pires da Mota.

Voto nulo e militância materna

Em relação às conquistas da ALN, Carlos Eugênio Paz argumenta que "do ponto de vista de interferir na política institucional, a campanha pelo voto nulo em 1970 foi a nossa grande vitória". "Em todo o lugar que tínhamos militantes, mandamos panfletos", completa.

"A soma da Arena e do MDB [únicos partidos políticos permitidos durante o regime] não totalizou a quantidade de votos nulos daquela eleição", relembra Clemente, sobre o pleito de 1970. Ao final da apuração, nulos, brancos e abstenções chegaram à marca de 14 milhões no pleito.

A baixa participação na votação nominal dos candidatos chamou a atenção da sociedade civil à época, por seu ineditismo. A revista *Veja* noticiou da seguinte maneira as eleições de 25 de novembro de 1970:

> No princípio foi o pânico. Computados os eleitores que simplesmente não foram votar, os que votaram em branco ou anularam seu voto, ficou claro que quase 50% dos brasileiros habilitados se recusaram a escolher representantes para o Congresso Nacional e as assembleias legislativas.

Conforme explica em artigo o historiador Luiz Felipe de Alencastro, professor na Universidade de Paris-Sorbonne e professor-convidado da Escola de Economia da FGV de São Paulo, os votos nulos e brancos dobraram no país em números absolutos, "passando de 21% em 1966 para 30% em 1970" (ALENCASTRO, 2014, p. 7).

Outra passagem interessante relatada pelo ex-comandante militar da ALN foi o momento em que teve que dirigir a própria mãe dentro da organização de resistência à ditadura.

"A minha mãe eu recrutei para a ALN. Fez curso de guerrilha e de enfermagem de guerra em Cuba. Ela sabia atirar, sabia fazer uma bomba, falsificar um documento. E em 1972, quando pouca gente voltava para o Brasil, ela veio clandestina para cuidar dos nossos feridos aqui."

"Depois trabalhei muito isso nos meus anos de terapia" comenta Clemente, com descontração, sobre a "companheira" Maria da Conceição Sarmento da Paz, codinome "Joana".

Cinco meses antes do AI-5

Vitor Sion

O dia 13 de dezembro entrou para a cronologia da história política do Brasil com a implementação do Ato Institucional nº 5. Diferentemente do que se pode imaginar, no entanto, o símbolo do endurecimento da ditadura militar brasileira não foi uma medida intempestiva ou revanchista do presidente Arthur da Costa e Silva (1967-1969) contra o Congresso, pelo veto à abertura de processo contra o deputado opositor Márcio Moreira Alves.

A narrativa tradicional desse período da história diz que o ato foi uma resposta à resistência da Câmara em processar Moreira Alves, que defendera, meses antes, um boicote às comemorações de Sete de Setembro. "Seria necessário que cada pai, cada mãe, se compenetrasse de que a presença dos seus filhos nesse desfile é o auxílio aos carrascos que os espancam e os metralham nas ruas", disse o deputado na tribuna da Câmara. E, num trecho que ficou famoso: "Aquelas que dançam com cadetes e namoram jovens oficiais. Seria preciso fazer hoje, no Brasil, que as mulheres de 1968 repetissem as paulistas da Guerra dos Emboabas e recusassem a entrada à porta de sua casa àqueles que vilipendiam-nas".

Mas o documento que fechou o Poder Legislativo, extinguiu o habeas corpus e autorizou a censura à imprensa já estava pronto muito antes do discurso de Moreira Alves e, inicialmente, tinha conteúdo ainda mais repressivo do que o aprovado por Costa e Silva.

Ao menos desde julho de 1968, a cúpula civil e militar do governo discutia o recrudescimento da legislação de exceção ("revolucionária", conforme o discurso oficial) para evitar o sucesso daquilo que chamavam "contrarrevolução". O país vivia, desde a morte do estudante Edson Luís, no restaurante Calabouço, no Rio de Janeiro, em março, uma grande onda de manifestações que, ao mesmo tempo, se antecipou e se alimentou do mítico Maio de 1968 francês.

Em duas reuniões, nos dias 11 e 16 de julho de 1968, os integrantes do Conselho de Segurança Nacional foram chamados por Costa e Silva a opinar sobre o conteúdo de uma nova medida, que teria o objetivo de interferir na cobertura da imprensa e conter a subversão.

As discussões foram marcadas pela divergência entre dois presidentes do Brasil: Costa e Silva e o então chefe do Serviço Nacional de Informações (SNI), Emilio Garrastazu Médici. Já no início do primeiro encontro, registrado na ata da reunião, Costa e Silva faz um alerta aos seus conselheiros:

> "**Costa e Silva:** O documento que os senhores membros do Conselho de Segurança Nacional têm em mãos é de caráter ultrassecreto, de modo que deve ser manuseado com a devida cautela... **Ministro dos Transportes [coronel Mario Andreazza[7]]:** Ele será recolhido?
>
> **Costa e Silva:** Será recolhido como precaução, no entanto, se algum Ministro desejar uma leitura mais demorada, o fará sob essa condição de ultrassecreto. Este documento é uma análise feita à luz de informações positivas, muito bem estudadas e triadas, que levam conclusões, embora não devamos entender que haja algo alarmante." (BRASIL, 1968, p. 7).

Ao retomar a discussão cinco dias depois, o presidente foi ainda mais claro em suas palavras. "Nós estamos aqui justamente para decidir se o momento impõe medida de exceção ou não" (BRASIL, 1968, p. 2b).

A posição de Médici era a de que se tornava necessário tomar, "sem tardança, medidas concretas de segurança, agindo energicamente contra os elementos que ameaçam a integridade do governo e causam desassossego popular". De acordo com o então chefe do SNI, o Brasil vivia uma guerra devido à "tentativa de conquista do poder por forças subversivas", algo que "não é exclusivo de nosso país" (BRASIL, 1968, p. 14).

O voto de Médici — favorável ao AI-5 já em julho de 1968 — foi acompanhado por outros seis conselheiros, sendo

---

7   Em 1984, Andreazza tentaria disputar a Presidência da República, perdendo a convenção do partido governista para Paulo Maluf.

a fala do ministro da Aeronáutica, Marcio de Souza e Mello, aquela que mais claramente caracterizou os objetivos dessa ala do governo.

> Falta uma regulamentação ou uma legislação subsidiária que, ao invés de obrigar o Estado a provar que o indivíduo transgrediu essas leis ou violou os princípios fundamentais, atue sob o efeito do delito flagrante, atribuindo-se ao indivíduo provar que não transgrediu e não um processo em que o Estado tem de ir colher provas para levar a julgamento, com toda aquela série de recursos protelatórios que prejudicam os resultados (BRASIL, 1968, p. 20).

A defesa pela implementação do AI-5 já em julho de 1968 não foi feita exclusivamente pelos ministros militares, como parte da imprensa noticia até hoje. Luiz Antonio da Gama e Silva (Justiça), Antonio Delfim Netto (Fazenda) e Ivo Arzua Pereira (Agricultura) também apoiaram a criação de um Ato Institucional cinco meses antes do que o que foi realizado por Costa e Silva.

Dentre as falas desses três conselheiros, a que chama mais atenção é a de Gama e Silva, com duras críticas ao Poder Judiciário ("Lá encontramos inimigos figadais da Revolução, que são contra nós, que no momento oportuno de lá não foram afastados como deveriam ter sido") e a defesa aberta da censura à imprensa. Gama e Silva conclui:

> O que nós sentimos, Senhor Presidente, é que toda essa legislação que está aí é insuficiente. [...] Essa legislação não nos dá os elementos ne-

> cessários para que possamos restaurar os princípios e os propósitos da Revolução. [...] Não vejo outro remédio se não retornarmos às origens da Revolução e, através de um Ato Adicional à atual Constituição, darmos, ao Poder Executivo, os meios necessários para salvar a Revolução e com ela a felicidade, o bem-estar do nosso povo e a democracia pela qual nos batemos (BRASIL, 1968, p. 24).

Apesar de o AI-5 ter representado o endurecimento da ditadura brasileira, a proposta apresentada em julho era ainda mais restritiva. De acordo com o jornalista Carlos Chagas, no livro *A Guerra das Estrelas (1964/1984) – os bastidores das sucessões presidenciais*, o ministro da Justiça queria, além do fechamento do Congresso e da censura à imprensa, o afastamento de todos os governadores e o recesso do STF.

Na votação terminada em 16 de julho de 1968, o AI-5 perdeu por 11 a 7, com as abstenções de Tarso de Moraes Dutra (Educação), Leonel Tavares Miranda (Saúde), Afonso Augusto de Albuquerque Lima (Interior) e José Moreira Maia (chefe do Estado-Maior da Armada), que deram seus pareceres sem indicar um posicionamento.

Apesar da "derrota" do Ato Institucional, o presidente Costa e Silva deixou claro que a votação era apenas simbólica. "Não costumo fazer e não farei votações para obter maioria. Quero ouvir cada um e então sofrerei sozinho o ônus da decisão."

Ao anunciar que nenhuma medida de exceção seria tomada ao final da reunião dupla, Costa e Silva argumentou:

> Entendo, como revolucionário, que qualquer ato fora da Constituição, no momento, será uma precipitação. Será, como se diz, um avanço no escuro sem necessidade. [...] O Governo resolve não adotar, de momento, qualquer medida excepcional para a contenção de uma subversão, que nós sentimos em marcha, mas que não poderá jamais atingir os seus objetivos, porque o Governo, conscientemente, honestamente, sente que ainda tem ao seu lado o povo do Brasil (BRASIL, 1968, p. 31b).

Depois, o presidente fez uma observação específica sobre a relação de seu governo com a imprensa.

> "Alguns elementos do governo, que têm trânsito livre em algumas empresas [de comunicação], podem procurar convencer esses homens [diretores de jornais], mas jamais o faremos pela força, jamais ordenaremos faça isso, aquilo ou aquilo outro, pois seria proporcionar os elementos que tanto eles querem e desejam para dizer que isto é uma ditadura. Não demos até hoje este motivo nem esses elementos, e não o daremos" (BRASIL, 1968, p. 34b).

No final das contas, Costa e Silva instituiu o AI-5 em 13 de dezembro de 1968. Na mesma noite, censores entraram em ação e os jornais passaram a ser apreendidos e o Congresso, fechado.

Delfim Netto não se arrepende do AI-5 e nega financiamento empresarial

Um personagem importante do governo Costa e Silva e da instituição do AI-5 é o então ministro da Fazenda, Antonio Delfim Netto, que ficou no cargo de 1967 a 1974. Delfim Netto, que também foi o titular da pasta de Planejamento entre 1979 e 1985, até hoje diz não se arrepender de ter assinado o ato.

Foi o que ele afirmou em depoimento à Comissão Municipal da Verdade de São Paulo no dia 25 de junho de 2013. Na ocasião, o economista argumentou que a chamada linha dura das Forças Armadas nunca chegou ao poder no Brasil e disse desconhecer a existência de um financiamento de empresários paulistas a órgãos de repressão da ditadura militar.

> A linha dura do Exército nunca esteve no governo. Se estivesse, ia ser o diabo. Era um bando de maluquetes. No meu gabinete nunca entrou um militar fardado ou armado", diz Delfim Netto, para quem seria "muito improvável" que grandes empresários tivessem feito doações para a realização de torturas. "Duvido que tenha existido esse processo de arrecadação com empresariado.

Questionado sobre um trecho do livro *Ditadura escancarada*, de Elio Gaspari, em que é relatado um almoço com cerca de 15 pessoas, no segundo semestre de 1969, organizado pelo banqueiro Gastão Eduardo de Bueno Vidigal (1919-2001), para conseguir fundos para reequipar as Forças

Armadas e "enfrentar a subversão", Delfim Netto confirmou presença no evento. "Elio Gaspari é um jornalista seríssimo e sua obra é a que melhor retrata essa época. Mas na verdade o que houve esse dia foi um jantar, com banqueiros mineiros, paulistas e paranaenses, em que discutimos apenas a taxa de juros." No livro, Gaspari usa como fonte principal deste trecho[8] uma entrevista com o próprio banqueiro.

"O empresariado não tinha nenhuma participação na política econômica nacional. O governo não obedecia aos empresários para fazer política e acho até que foi por isso que houve crescimento no país", acrescentou.

O ex-ministro Delfim Netto também negou que o empresário Paulo Henrique Sawaya Filho tivesse sido seu assessor no Ministério da Fazenda. Conforme explicou o então presidente da comissão, vereador Gilberto Natalini, Sawaya esteve nas dependências do Departamento de Ordem Política e Social (Dops) 47 vezes entre 1971 e 1979. Em uma das ocasiões, assinou o livro de entrada como representante do "Ministério

---

8 "A reestruturação da PE Paulista e a Operação Bandeirante foram socorridas por uma 'caixinha' a que compareceu o empresariado paulista. A banca achegou-se no segundo semestre de 1969, reunida com Delfim num almoço no palacete do clube São Paulo, velha casa de dona Veridiana Prado. O encontro foi organizado por Gastão Vidigal, dono do Mercantil de São Paulo e uma espécie de paradigma do gênero. Sentaram-se à mesa cerca de quinze pessoas. Representavam os grandes bancos brasileiros. Delfim explicou que as Forças Armadas não tinham equipamento nem verbas para enfrentar a subversão. Precisava de bastante dinheiro. Vidigal fixou a contribuição em algo como 500 mil cruzeiros da época, equivalentes a 110 mil dólares. Para evitar pechinchas, passou a palavra aos colegas lembrando que cobriria qualquer diferença. Não foi necessário. Sacou parte semelhante à dos demais. 'Dei dinheiro para o combate ao terrorismo. Éramos nós ou eles', argumentaria Vidigal, anos mais tarde" (GASPARI, 2002, p. 62).

da Fazenda". Nas outras vezes, identificou-se ora como "delegado", ora como integrante de outras instituições.

"Conheci Sawaya como um empresário de biotecnologia. Ele nunca foi funcionário público", disse Delfim. No entanto, no relatório "Brasil: Nunca Mais", trabalho elaborado por uma equipe de pesquisadores coordenada pelo cardeal católico dom Paulo Evaristo Arns e pelo pastor presbiteriano Jaime Wright que realizou suas pesquisas a partir de processos que tramitaram na Justiça Militar, Sawaya também é apontado como assessor do Ministério da Fazenda e um dos principais arrecadadores de fundos entre o empresariado para financiar o aparelho de repressão.

Durante os quase 80 minutos de duração de seu depoimento, o economista foi questionado diversas vezes sobre as práticas de tortura da ditadura militar. Delfim Netto respondeu a todas as perguntas dizendo que os ministérios civis eram totalmente independentes dos militares.

"Nunca apoiei a repressão. Nunca ouvi nada sobre tortura no governo. Certa vez perguntei ao Médici sobre isso e ele negou tudo, disse que a única coisa que existia eram os combates nas ruas. É nisso que acredito".

CADERNO DE IMAGENS

Observação: *diversos documentos reproduzidos neste livro apresentam intervenções dos autores sobre cópias feitas para a pesquisa. Optamos por editá-los dessa maneira para indicar visualmente, ainda que de maneira incompleta, o processo de estabelecimento de nexos e articulações.*

Para a pesquisa, foram fichados três anos de Diário Oficial do Estado de São Paulo, de 1969 até 1972. Descobriu-se, entre muitas medidas, um plano de reformulação da Secretaria de Segurança que criou a Polícia Militar e o decreto que obrigou os porteiros de prédios a entregarem para a polícia uma lista de visitantes. Neste dia, 17 de junho de 1969, quando se estava para criar a Oban, saiu um decreto em que o governador Laudo Natel pede o apoio dos empresários, os "civis" da manchete, a um dos mais terríveis aparelhos de repressão da ditadura. Para isso contamos com a valiosa ajuda de Maria Carolina Bissotto.

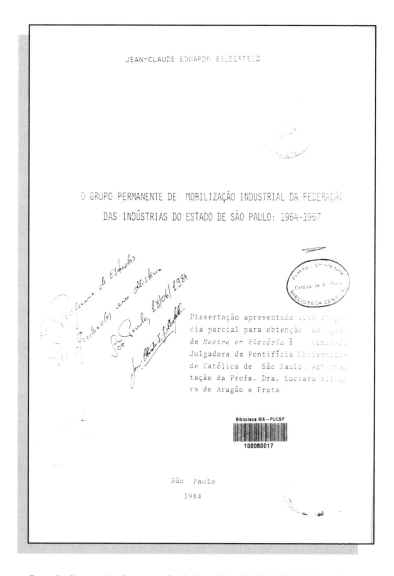

Capa da dissertação de mestrado de Jean-Claude Silberfeld, *O Grupo Permanente de Mobilização Industrial da Federação das Indústrias do Estado de São Paulo: 1964-1967*, defendida na Pontifícia Universidade de São Paulo em 1984. Entre os documentos anexados ao trabalho estão as listas de empresas que doaram dinheiro para o golpe militar de 1964.

À ESPERA DA VERDADE 147

ANEXO 14

EMPRESAS PAULISTAS QUE PARTICIPARAM DO ESFORÇO DE MOBILIZAÇÃO
DE MATERIAL EMPREENDIDO EM DECORRÊNCIA DOS EVENTOS DE 31 DE
MARÇO DE 1964

Esta relação traz a posição das doações até 8 de
maio de 1965, utilizando os termos "doações verbais" e "doações escritas".

Notou-se que não constam, nas atas ordinárias do
GPMI pesquisadas, a quantidade e o valor corrente das doa —
ções efetuadas pelas empresas citadas.

Esta listagem foi a única encontrada por nós. Isto
dificulta o conhecimento do volume de recursos alocados pela
Indústria Paulista em função das requisições efetuadas quando do desencadeamento do Movimento de 31 de março de 1964.

Observe-se a presença tanto de capital nacional
quanto de transnacional, bem como de empresas pequenas, médias e grandes.

As doações aqui referidas significam que as empresas dispensaram o reembolso das requisições efetuadas a que
tinha, como de praxe, direito. Visto que, para cada requisi
ção, existe um recibo e o compromisso da contrapartida mone-
tária posterior pela organização requerente — no caso, os
responsáveis em São Paulo pela coordenação logística do Movi
mento.

Fonte: GPMI - FIESP - Ata da 28ª Reunião Ordinária, 25 de
maio de 1965.

Anexo 14 da dissertação de Jean-Claude Silberfeld, que reproduz a ata do
GPMI de 25 de maio de 1965 e explica os acontecimentos do "movimento de
31 de março de 1964".

```
                                                                    -6-

            Relação das firmas que colaboraram com a Mobiliza-
    ção de Material empreendida em decorrência dos eventos de 31
    de março de 1964:


    "Firmas que forneceram a doação por escrito"

        Serrarias F. Lameirão
        Fábrica de Gases Medicinais Cremer
        Atlantic
        Cia. de Cigarros Souza Cruz
        Serrarias Almeida Porto
        Serraria Azevedo Miranda
        Madeireira Miguel Forte
        Irmãos Nocera
        Serraria Americana Salim F. Maluf
        A. Queiróz Lugó
        Serraria Água Branca
        Armações de Aço Probel S/A
        Bucatex S/A Indústria e Comércio
        Johnson & Johnson
        V. Foreinete
        M. Lipper S/A
        F. Slaviero
        Fábrica de Cigarros Sudan S/A
        Cia. Madeireira Nacional
        Cia. Carlos Guedes
        Pfizer Corporation do Brasil
        Moreira Lima e Cia.
        Serraria Bandeirantes
```

Lista de empresas que doaram para o golpe militar. Os grifos são nossos e apontam empresas que teriam a história aprofundada pela pesquisa.

À ESPERA DA VERDADE

"Firmas que ainda não forneceram a doação por escrito"

Duratex S/A Indústria e Comércio

Cia. Comercial de Madeiras Kirali

Vicari S/A Indústria e Comércio

"Firmas que doaram verbalmente"

Irmãos Justa Transportes

Ousei Peceniski (Colchoaria Francisco)

Indústria Brasileira de Eletricidade

João Batista Antonio Alário

Cia. de Acumuladores Prest-O-Lite

Fábrica de Cigarros Flórida

Volkswagen do Brasil

Brasital S/A

Fábrica de Cigarros Caruso

Moinhos Santista S/A

Esso Brasileira de Petróleo

S/A Brasileira de Tabacos Industrializados

Texaco do Brasil S/A

"Firmas Pendentes"

Indústria de Feltros Lua Nova S/A

Firestone S/A

P. Barelle Ltda.

Indústria de Ataduras Gessadas Cristal

Acumuladores Vulcânia

Auto Asbestos S/A

Saturnia Acumuladores Elétricos

Destacam-se ainda, na lista, as empresas que não forneceram a doação por escrito, como a Duratex, as empresas que doaram verbalmente, como a Volkswagen do Brasil, a Moinhos Santista, a Esso e a Texaco, e as firmas pendentes, como a Firestone, a Good Year e Pirelli. Os grifos são nossos.

- - -

B.F. Goodrich

Pneus General

Good Year

Dunlop

Cia. Fiação e Tecidos Lanifício Plástico

Pirelli S/A

Antônio Maurício Wanderley e Cia. Ltda.

ANEXO 15

EMPRESAS CITADAS NAS ATAS DO GPMI

As convenções usadas visam facilitar a identificação do tipo de relacionamento que a Indústria Paulista e as Forças Armadas tiveram com o GPMI no período 1964-1967.

Esta relação fornece indícios de assicuidade e interesse comercial ou operacional da Indústria no concernente às atividades e propostas do GPMI em sua missão de incrementar o intercâmbio Indústria-Forças Armadas. Este relacionamento está analisado, de forma global, no capítulo - Atuação do GPMI: 1964-1967.

Fonte: GPMI-FIESP.

Neste anexo, destacam-se a assiduidade e o interesse comercial da indústria com o apoio ao golpe de 1964.

```
                              - 5 -

          3. Instituto Universitário do Livro (a funcionar em
             coordenação com o CLABE)

          _____

          Sugestões de nomes dos membros da Comissão Executiva aos quais compati-
          bi a direção das entidades do IPÊS:

             IPÊS:
             PRESIDENTE: João Baptista Leopoldo Figueiredo

             Instituto de Altos Estudos Internacionais:
                         A.C.Pacheco e Silva

             Instituto de Economia:
                         Roberto Pinto de Souza

             Instituto de Estudos Brasileiros:
                         Daniel Machado de Campos

             Instituto de Relações no Trabalho:
                         Paulo Ayres Filho

             Instituto Universitário do Livro:
                         José Ulpiano de Almeida Prado

          Diretor Administrativo:
                         Moacyr Gaya

          Diretor Financeiro:
                         Frans Machado
```

Para a pesquisa foram consultados mais de dez acervos diferentes, sem contar o site do Memórias Reveladas. No acervo da Fundação Getúlio Vargas, no Rio de Janeiro, a pesquisadora Martina Sphor ajudou-nos a recolher mais de 300 documentos do período. Dentre dos documentos estão listas de atas do Instituto de Estudos e Pesquisas Sociais (Ipês), recolhidas e guardadas no acervo de Paulo Ayres Filho. Neste documento, em particular, a lista de sugestões de nomes que iriam participar do Conselho Executivo do órgão antes de sua fundação. Os nomes estão grifados por nós e sinalizam os homens a serem pesquisados com mais profundidade durante a pesquisa. Ao lado do Instituto Universitário do Livro, que poderia ser presidido por José Ulpiano de Almeida Prado, uma pequena biografia feita à mão feita pela pesquisadora Joana Monteleone. Muitas vezes, ao longo das reuniões, nomes foram pesquisados e histórias de empresas e empresários desvendadas para que a pesquisa pudesse prosseguir. Isso resultou numa tabela instrumental com os principais nomes de empresários que participaram da mobilização de 1964. A tabela foi fundamental para que não nos perdêssemos num emaranhado de nomes, que apareceram constantemente nos documentos.

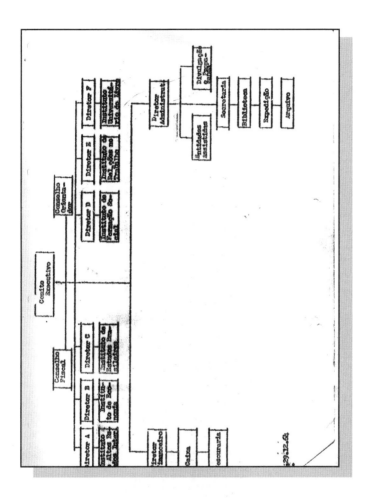

Organograma do Ipês. Desde o início da pesquisa nos preocupamos em entender a complexa rede de conexões que ligavam civis e militares por meio do Ipês e do Estado Maior. Uma de nossas primeiras preocupações foi elaborar um organograma do órgão. Por um tempo, fizemos várias tentativas, baseadas no livro de René Dreyfuss, *1964: A conquista do Estado*, lido, fichado e discutido por todos. Chegamos a um organograma muito próximo a este, encontrado depois nos documentos de Paulo Ayres. A preocupação com a elaboração de uma hierarquia complexa no instituto foi essencial para que ele tivesse uma grande rede de atuação e capilaridade. Demonstra também uma fusão entre a organização hierárquica militar e a montagem de organograma empresarial.

CONSELHO ORIENTADOR DO IPÊS

Adalberto Bueno Neto
Alceu Martins Parreira
* Alfredo Buzaid
, Antonio Carlos Pacheco e Silva
Antonio Lopes
Antonio de Souza Barros
Benedito Ferri de Barros
Daniel Machado de Campos
David Augusto Monteiro
Decio Fernandes Vasconcellos   *GPM 1*
Eduardo Garcia Rossi
Eduardo Pacheco e Silva
Eduardo Ribeiro
Ernesto Lene
Eulálio Vidigal Pontes
Emil Parhat
Felipe Arno   *GPM 1*
Fernando Alencar Pinto
Gastão Mesquita Filho
Gilberto Waack Bueno
Glycon de Paiva Teixeira
* Henning Alberto Boilesen ·
Humberto Monteiro
João Baptista Leopoldo Figueiredo
João Baptista Ismard
João Soares do Amaral Neto
José Bonifácio da Silva Jardim
José Carlos Boamio
José Luis de Almeida Nogueira Junqueira Filho
Jose Luis de Anhaia Mello
José Martins Pinheiro Neto
José Pedro Galvão de Souza
Lélio Toledo Piza e Almeida Filho
Luis Cassio dos Santos Werneck
Luiz Dumont Villares
Mario Garnero   *GPM 1*
Mario Germano
Mario Toledo de Moraes
Natalino Pontual
Nivaldo Coimbra de Ulhôa Cintra
Octavio Marcondes Ferraz
Osvaldo Castro Santos
Paulo Arthur Nascimento
Paulo Ayres Filho
Paulo Lacerda Quartim Barbosa
Paulo Reis de Magalhães
* Paulo Salim Maluf
Roberto Pinto de Souza
Rubens Rodrigues dos Santos
Sergio Brotero Junqueira

Documento com a lista do Conselho Orientador do Ipês encontrado no acervo de Paulo Ayres Filho, na FGV-RJ. As anotações na lista são nossas, feitas em reunião, e revelam nossa preocupação em cruzar dados e nomes. Neste caso, os autores destacaram os nomes que também faziam parte do GPMI, como Décio Fernandes Vasconcello, Henning Alberto Boilesen, Felipe Arno, Mario Garnero, Luiz Dumont Villares, Luiz Cassio dos Santos Werneck, Paulo Salim Maluf. Depois a pesquisa continuou, então esta não é a lista final de nome de empresários que participaram do golpe.

- 6 -

Ingvar Svennilson
"O planejamento nacional e a iniciativa privada"
José Pinto Antunes
"A economia de duplo setor: a disciplina jurídica da con-
corrência"
Laerte Almeida de Moraes
"Motivação e limites da intervenção estatal nos países em
desenvolvimento"
Mario R. Micele
"Formas e Motivos da Intervenção do Estado"
Mikio Matsumoto
"O papel do empresário na recuperação e desenvolvimento da
economia japonesa no após guerra"
Pierre-Bernard Cousté
"O papel do Governo e da Emprêsa Privada exemplificado na
experiência de alguns países desenvolvidos"
Roberto de Oliveira Campos
"O planejamento do desenvolvimento atual brasileiro"
Wolfgang Hirsch Weber
"A participação empresarial na recuperação da economia
alemã no após guerra".

O IPÊS está trabalhando ativamente na conclusão dos Anais do
Congresso, cuja publicação deverá estar ultimada nos primeiros mêses
de 1965. As conclusões preliminares foram entregues em mãos do Exmo.
Sr. Presidente da República, em Brasília, e os Anais encaminhados ao
Ministério de Economia e Planejamento representarão um subsídio va-
lioso para o correto equacionamento de uma questão vital para o desen-
volvimento econômico e social do Brasil : a cooperação do Govêrno e da
Livre Emprêsa.

CURSOS, SEMINÁRIOS E CONFERÊNCIAS

Além do intenso programa de cursos e conferências desenvolvido por diversas entidades assistidas pelo IPÊS como o Instituto de
Formação Social, a Campanha de Educação Cívica, a Sociedade de Cultura Brasileira - Convívio, o Instituto Brasileiro de Administração
de Emprêsas, o Instituto Universitário do Livro, a União Cívica Feminina, o Centro de Orientação Social e o Centro Latino Americano de
Estudantes, o próprio Instituto promoveu em 1964 diversos cursos e conferências, destacando-se os convites que trouxeram ao Brasil expoentes

Documento do acervo de Paulo Ayres Filho que destaca o papel da revista Convívio na parte "legal" do Ipês. Por meses, procuramos entender o papel que tiveram as universidades católicas (PUCs) na preparação do golpe e dentro do instituto, na elaboração de cursos e divulgação das ideias do instituto. Destacam-se, especialmente, a PUC de São Paulo e a do Rio.

- 7 -

mundiais da luta democrática.

Eudócio Ravines, jornalista peruano e autor de livros de sucesso como "América Latina, um Continente em Erupção", "La Gran Estafa" e "La Gran Promessa", pronunciou concorridas conferências no Colégio Rio Branco, Faculdade de Direito e Faculdade de Ciências Políticas e Sociais da Universdade Católica de São Paulo, Associações Reunidas de Campinas, Sindicato dos Trabalhadores do Comércio de São Paulo, Reitoria da Universidade Mackenzie e Instituto de Engenharia, além de participar de mesas redondas na Televisão.

O jornalista francês Georges Albertini, diretor de "Est & Ouest", boletim bi-mensal da Associação de Estudos e de Informações Políticas Internacionais, de Paris, realizou diversos seminários no IPÊS para grupos de empresários, professores, estudantes e senhoras das entidades mais representativas de São Paulo.

O dr. André Aumonnier, membro do Conselho de Planejamento Econômico da França também realizou no IPÊS um importante seminário sôbre a participação do empresário no desenvolvimento econômico do seu país.

O Prof. Hermann Goergen, Diretor do Instituto Teuto-Brasileiro de Bonn e Assessor para Assuntos Brasileiros do Govêrno da Alemanha Ocidental realizou, sob os auspícios do IPÊS, uma conferência na Federação das Indústrias do Estado de São Paulo sôbre a participação empresarial na reconstrução econômica da Alemanha.

Os srs. Jack Stewart e Alberto de la Vega, respectivamente diretores da Divisão de Assuntos Especiais e da Divisão Latino-Americana do Radio Liberty Committee, de Munich, também estiveram no Brasil onde, a convite do IPÊS realizaram uma série de palestras e contactos com autoridades e empresários sôbre a Revolução Brasileira, tendo sido acertado na oportunidade um acôrdo para a difusão regular de notícias sôbre o Brasil para os países da "Cortina de Ferro"

GRUPOS DE ESTUDOS

Em 1964, o IPÊS constituiu um "Grupo de Estudos sôbre a Pecuária de Corte" com a finalidade de investigar os problemas de produção, industrialização e comercialização da carne - o primeiro a reunir-se periòdicamente em sua sede para imprimir um carater prático e efetivar uma frente única de pensamento e ação nos mais importantes setores da Economia Brasileira.

Ante as dificuldades do abastecimento de carne na entre-sa-

Continuação do mesmo documento mostrando os conferencistas e professores de cursos dados pelo Ipês no seu convênio com as PUCs. Destaca-se o relacionamento internacional dos instituto com liberais de outros países, como a França, a Alemanha e os Estados Unidos.

IPES - RELATÓRIO DO MÊS DE MAIO

I. Atividades

A. Publicações

1. Foi planejado, preparado e impresso o número de Junho do Boletim Interno do Instituto de Pesquisas e Estudos Sociais. Em sua segunda edição, "Notícias do Ipês" apresenta-se ampliado, com um total de 8 páginas. A publicação surge melhorada, de um modo geral, evidenciando desde já características próprias.

2. A 1.a página de "Notícias do Ipês" foi destinada, em sua quase totalidade, ao Plano de Ação para 1964, com ampla cobertura da reunião realizada em abril, inclusive ilustrações e debates travados na ocasião. Entendemos que o número em questão será de grande utilidade para estimular a campanha de contribuintes.

3. Noticiário "IPRESS" - Solicitou-nos o dr. J. R. W. Penteado estudos sôbre a possibilidade de organização de um serviço de divulgação, ao qual caberia distribuir artigos, editoriais e material diverso a órgãos de imprensa de todo o país. Da mesma forma, incumbiu-nos de elaborar uma relação dos jornais para remessa do mencionado serviço. Como primeiro passo, entregou-nos o dr. J. R. W. Penteado numerosos originais em inglês, francês e espanhol, para tradução, preparação e distribuição à imprensa. Êste seria um trabalho à parte, diferente do tipo de material que comumente distribuímos, sôbre atividades do próprio Instituto.

4. Sugerimos a denominação de "IPRESS" para êsse tipo de serviço de divulgação. Também iniciamos estudo e pesquisa em tôrno da viabilidade, conveniência e aceitação de material de tal gênero. Na opinião de nossos espe-

Um dos documentos mais interessantes encontrados no acervo de Paulo Ayres, a empresa de relações públicas Commonwealth mostra como o Ipês contatava agências para cuidar tanto da arrecadação do instituto (eles eram responsáveis por fazer uma lista de empresas que poderiam contribuir, marcar reuniões e organizar a correspondência e os contatos do Ipês com as empresas), como das pautas que deveriam sair na imprensa (por isso o relatório de março de 1964 ressalta o sucesso da comunicação dos eventos de 31 de março).

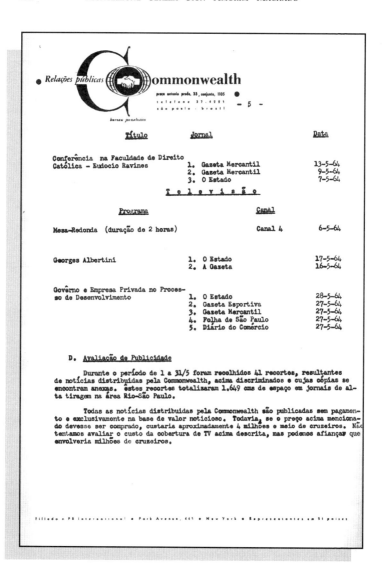

Nos relatórios da empresa, existia a "avaliação de publicidade", em que a agência contabilizava as inserções nos veículos de comunicação das pautas do cliente, no caso, o Ipês. Acervo Paulo Ayres.

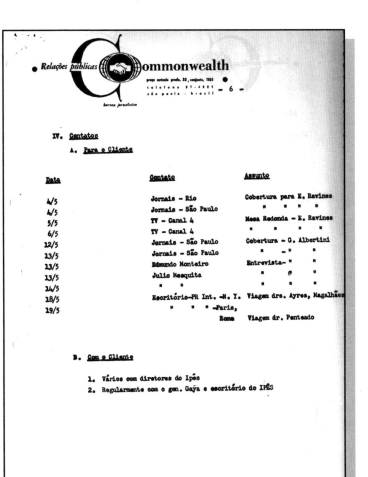

Nesse documento, a relação de contatos com os jornais e tevês do Rio e de São Paulo. Atenção ao encontro com Julio de Mesquita, do Estadão, um dos maiores articuladores do golpe. Acervo Paulo Ayres.

Nesse documento, o relatório sobre o mês de abril de 1964, preparado pela agência de relações públicas Commonwealth, responsável pela propaganda que preparou o golpe militar.

IPÊS – RELATÓRIO MENSAL DO MÊS DE MARÇO *de 1964*

I. Atividades

A. Publicações

1. Foi redigido e entregue um plano para o Boletim de Notícias do Ipês. Também foram sugeridas as respectivas notícias e informações para esse tipo de divulgação. Do mesmo modo, preparamos e encaminhamos diversos "layouts" com idéias sobre a forma de apresentação do mencionado boletim, assim como orçamentos de empresas tipográficas para sua impressão.

2. Estudos cuidadosos precederam a elaboração do plano para publicação do Boletim de Notícias. Como parte desse trabalho, realizamos entrevistas sucessivas com o gen. Gaya e dr. Penteado.

B. Comunidade

1. Demos prosseguimento à promoção do estudo do Ipês, "reforma Agrária", com apoio publicitário e atividades junto à comunidade.

a) Várias notícias foram preparadas e distribuídas à imprensa, com base no estudo em apreço (relação anexa).

b) Cuidamos da entrega do livro ao cardeal-arcebispo de São Paulo, d. Carlos Carmelo de Vasconcelos Mota.

1. No último mês, houve uma entrevista preliminar com o cardeal Mota, para exibição da obra e exposição dos propósitos do Ipês.

2. Contatos foram realizados com o "staff" do cardeal de São Paulo, para acertar data e condições da entrega de "Reforma Agrária", com previsão e organização dos meios de divulgação, presença de fotógrafos e TV.

c) Solicitou-se, através de carta, uma entrevista ao sr. Luíz Emanuel Bianchi, presidente da Faresp.

2. À imprensa foi enviado noticiário referente a protestos da União Cívica Feminina e da deputada Conceição da Costa Neves, contra a realização de congresso comunista no Chile e a participação de brasileiros custeados pelo governo federal.

Neste relatório, vê-se que a agência preparou um plano para um boletim mensal do Ipês. Vê-se ainda que foram realizadas entrevistas tanto com o general Gaya como o dr. Penteado para a elaboração desses boletins. Consultamos alguns desses boletins que estão na Biblioteca Nacional. Nas notícias que a imprensa divulgou estão os protestos da União Cívica Feminina, ativa participante do golpe, cujas ações foram largamente anunciadas pela imprensa. Acervo Paulo Ayres.

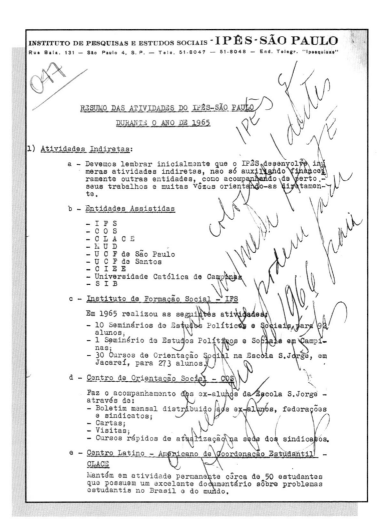

Já em 1965, o relatório do Ipês de São Paulo mostra a tentativa de continuar com a mobilização dos empresários. Dois anos depois, o Ipês-SP fecharia suas portas. Os empresários preferiram concentrar suas forças na Fiesp. Acervo Paulo Ayres.

PLANO PARA LANÇAMENTO DO IPES

1. No dia anterior ao lançamento serão publicadas notícias a respeito nos jornais.

    1.1 - Essas notícias deverão anunciar a entrevista coletiva à imprensa e insinuar que será apresentado um importante documento que define a nova mentalidade no setor empresarial.

2. Entrevista coletiva à imprensa, em São Paulo pela manhã e no Rio à tarde. O lançamento deverá ser numa segunda-feira, para que à noite os diretores do IPES possam ser entrevistados no programa de TV "Noite de Gala" que é o de maior índice de audiência.

3. Para a entrevista coletiva à imprensa serão convidados redatores categorizados dos principais jornais, emissoras de rádio e de TV. Deverá ser feito um contato prévio com os diretores dêsses veículos para que a cobertura corresponda aos nossos interesses.

4. A entrevista filmada pela TV deverá ser exibida em noticiosos de grande audiência como "Repórter Esso", Reportagem Ducal", etc.

5. No dia posterior ao lançamento deverá ser conseguido comentários dos jornais mais importantes sôbre a importância do surgimento de uma entidade como IPES e o seu papel na vida nacional.

6. Nos dias seguintes serão programadas entrevistas em programas de rádio e de TV.

7. Para a entrevista coletiva, no dia do lançamento, a figura central, no Rio e em São Paulo, deve ser o "presidente" do IPES. Ao mesmo caberá fazer inicialmente uma exposição de 20 minutos sôbre as finalidades e os princípios do IPES (Plano de ação e carta de Princípios), submetendo-se em seguida a 40 minutos de perguntas.

8. Aos jornalistas presentes seriam distribuídas cópias mimeografadas da Carta de Princípios.

9. O Grupo de Opinião Pública se encarregará de divulgar o lançamento do IPES para todo o Brasil, através de notícias a serem fornecidas às agências noticiosas.

O Ipês era um instituto público que influenciava diretamente os meios de comunicação e o Congresso Nacional. Nesse "plano de lançamento" estão explicitadas suas relações diretas com a imprensa, que anunciou largamente sua abertura. As relações com a imprensa eram organizadas, dentro do instituto, pelo Grupo de Opinião Pública, o GOP.

IPÊS
assembléias

nota de trabalho

Relatório-programa à Assembléia Geral Ordinária do IPÊS, Instituto de Pesquisas e Estudos Sociais, São Paulo, realizada em 29/3/67

Senhores.

Não são grandes os resultados que lhes podemos apresentar
dêstes últimos dois anos de atividades. Contudo, um dêles nos parece merecer a consideração dos membros desta Assembléia: a sobre-
vivência de nossa própria instituição.

Criado em fins de 1961 com o propósito de contribuir para
o fortalecimento da Democracia em nosso país, o IPÊS pode orgulhar-
se de ter desempenhado papel decisivo na arregimentação civil que
determinou a revolução de 31 de março de 1964. Contudo, não por
ironia do Destino, mas por ignorância da realidade brasileira, foi
exatamente o sucesso dessa revolução que gerou uma convicção, tão
errada quanto generalizada, que ameaçou e ameaça ainda hoje a sor-
te de nossa entidade: a de que o país está salvo das ideologias e
dos grupos de pressão contrários à dignidade humana, à Liberdade,
à economia de mercado, à Democracia enfim. Muitos não compreende-
ram ainda que a revolução, apesar de nos ter salvo do cáos e do comunismo, não encontrou, até hoje, solução para muitos dos mais sérios e mais prementes, problemas administrativos, políticos, econômicos e sociais do país. Pareceu então, e parece ainda, a muitos empresários, que não mais se justifica aquêle pequeno sacrifí-
cio material traduzido na modesta ajuda financeira que prestaram
ao IPÊS e a outras entidades congêneres. Assim, na medida em que
nós, no IPÊS, vímos crescer a nossa frustração quanto ao fracasso político da revolução - pois, a subversão não foi erradicada,
nem fortalecida a Democracia - sentíamos também o desânimo tomar
conta das nossas reuniões frente à crescente defecção de inúmeros associados. Diversas atividades foram interrompidas. Algumas entidades por nós subvencionadas deixaram de existir. Outras
diminuiram substancialmente o seu trabalho. Plános e mais plános
ficaram apenas nas atas de reuniões de Diretoria frente à perspectiva sombria da receita. E assim chegamos a uma verdadeira e dessa-
fiadora encruzilhada: dar por terminada a missão do IPÊS, ou, ten-

Este é o relatório preparatório para o encerramento das atividades do Ipês-SP, do dia 29/3/1967. É interessante notar que nele se destaca o êxito do 1964, mas coloca-se a grave questão dos problemas administrativos, políticos, econômicos e sociais do país. Os empresários de São Paulo viam a chegada do general Costa e Silva ao poder, em março de 1967, como um retrocesso. Também estavam descontentes com a política econômica do governo, que não resolvia alguns problemas complexos, como a inflação. Acervo Paulo Ayres.

6) Centro de Orientação Social
7) União Cívica Feminina
8) Campanha de Educação Cívica
9) Movimento Universitário de Desfavelamento
10) Curso de Ciências Sociais e Políticas da Faculdade de Filosofia, Ciências e Letras da Universidade Católica de Campinas.

ASSOCIAÇÃO DE CULTURA BRASILEIRA - "CONVIVIO"

Constituido de professores universitários, o "CONVI-VIO" durante 1963 desenvolveu suas atividades através de um Instituto de Formação, de uma agência de notícias e de um Centro de Pesquisas.

No Instituto realizaram-se cursos iniciais e básicos destinados a estudantes e ao público em geral, com a finalidade de oferecer orientação sôbre os problemas do momento, relacionando os melhores elementos para cursos superiores e especializados, segundo as próprias tendências dos alunos.

Promoveu ainda o Instituto ciclos de conferências destinados a esclarecer a Opinião Pública sôbre problemas culturais, sociais e econômicos do Brasil.

A Agência de Artigos e Notícias "Planalto", durante - 1963 distribui semanalmente material informativo para cêrca de 800 jornais em todo o país, com excelente índice de aproveitamento.

O Centro de Pesquisas dedicado ao importante trabalho de análise da realidade nacional continuou editando a revista de investigação e cultura "Convivium", órgão que já se - consolidou na intelectualidade Brasileira no estudo e na defesa dos valôres da nossa civilização ocidental e cristã.

INSTITUTO UNIVERSITÁRIO DO LIVRO

O Instituto Universitário do Livro constituiu-se em 1962, tendo por finalidade principais:
a) promover e distribuir livros universitários, a preço de custo;
b) promover e publicação de livros didáticos de real interesse universitário;

Documento que mostra a revista *Convívio*, com grande inserção entre meios intelectuais, além de uma revista chamada de *Planalto*, que distribuía semanalmente material informativo para 800 jornais do pais, com as pautas dos empresários e militares antes do golpe. Acervo Paulo Ayres.

GEO
2

REFORMA AGRÁRIA

Relatório 1 de 16-12-962
a 7- 1-963

1- HISTÓRICO

1.1- Tem produzido maior ebulição social no NE, RgSul e Goiás, atiçado por comunistas alçados a posições administrativas.

1.2- Em S.Paulo, através dos líderes Magaldi e Rota, os democratas têm o domínio das ações que são levadas aos outros estados do centro e do sul.

1.3- O Govêrno Federal tem contemporizado ...tirando partido daş situações táticas.

1.4- Os líderes comunistas na ação, procuram romper o "Direito de Propriedade privada" inculcando que o trabalho tem supremacia sôbre o capital (propriedade).

1.5- Foi aprovado o projeto Ferrari "Estatuto do Trabalhador Rural" (?) o que não resolve em definitivo.

2-INFORMAÇÃO

- A demora na solução do problema agrário poderá desmoronar as estruturas sócio-econômicas regionais, a ponto de não mais ser possível compô-las com base na tradição.

3- RECOMENDAÇÃO

3.1- Caberia ao IPÊS conclamar a necessidade da rapidez da decisão na solução do problema agrário, à luz dos postulados que deram "Razão da Criação do IPÊS" (Notícias de Ago. 962), ressaltando em particular a necessidade de ser:

    -Respeitado o direito de propriedade;
    -Promovida a dignidade do empregado do campo;
    -Efetivada a segurança da produção (preço mínimo, estocagem e mercado)

3.2- Essa ação deveria ser levada ao campo, pela imprensa, rádio, TV, cinema e, também, diretamente, por viajantes e empresários locais designados (honorificamente) pela diretoria do IPÊS.

3.3- Grupo Executivo:

    Divulgação em todo Brasil, maximé no NE., RGS.,Goiás.

Relatório sobre a Reforma Agrária de dezembro de 1962 a janeiro de 1963. As Ligas Camponesas eram um problema para as elites que apoiavam o golpe e foram duramente reprimidas depois. Acervo Paulo Ayres.

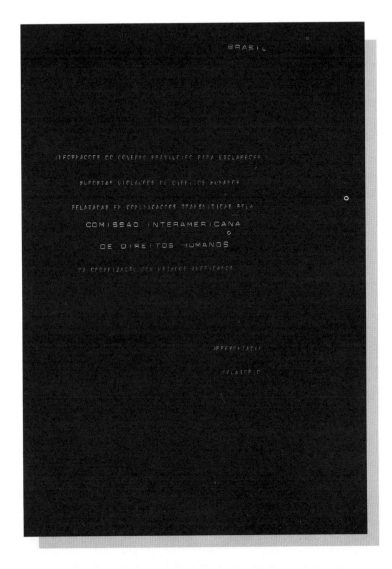

Capa do 'Livro da Verdade' (1970) da gestão Buzaid no Ministério da Justiça, durante o governo do presidente Médici. Lê-se nela: Informações do Governo Brasileiro para esclarecer supostas violações de direitos humanos relatadas em comunicações transmitidas pela Comissão Interamericana de Direitos Humanos (CIDH) da Organização dos Estados Americanos (OEA).

ÍNDICE DÊSTE RELATÓRIO

PREAMBULO

TÍTULO I -

    Capítulo   I - Não há presos políticos no Brasil....   1
    Capítulo   II - Ações terroristas no Brasil.........   5

TÍTULO II -

    Capítulo   I - A Revolução Brasileira é Irreversível   8
    Capítulo   II - O Brasil respeita e faz respeitar os
                     direitos humanos de todos os cidadãos   16
    Capítulo   III - As prisões dos terroristas..........   34

TÍTULO III -

    Capítulo   I - A campanha de difamações contra o Bra
                     sil................................   37
    Capítulo   II - Origens da campanha de difamações con
                     tra o Brasil......................   40
    Capítulo   III - Frente Brasileira de Informações.....   45
    Capítulo   IV - Associação Internacional de Juristas
                     Democráticos (Bruxelas)............   49
    Capítulo   V - "Escolas de Torturas", Chantagem da -
                     Imprensa Internacional.............   57

TÍTULO IV - DOSSIER DAS CALUNIAS   71

    Capítulo   I - Torturas em Minas Gerais"...........   74
    Capítulo   II - "Dossier sôbre torturas"...........   75
    Capítulo   III - "Brasil - tortura e morte de presos -
                     políticos - 1970"..................   78
    Capítulo   IV - "Prisões e torturas em Minas Gerais".   79
    Capítulo   V - Introdução geral ao dossier de tortu-
                     ras................................   80

Capítulo   VI - "Livro negro" (15 Nov 69).......... 81

Capítulo . VII - "Livro branco - Torturas no Brasil". 83

Capítulo VIII - "La Lutte Du Peuple Bresilien" - -
Front Bresilien d'Information...... 84

Capítulo   IX - "Mission d'enquete au Brésil" (março
1970).................... 85

Capítulo   X - "Terror no Brasil - Um dossier" -
(abril 1970).................... 87

Capítulo   XI - "Tortura no Brasil".............. 89

Capítulo   XII - Documentos e Informaçõea - Brasil -
1970............................... 90

Capítulo XIII - Livrete "Tortura, Repressão e Morte
- Edições Bárbara - 9"............ 91

Capítulo   XIV - "Brasil seis anos de Ditadura, Tortu
ras"................................ 92

TÍTULO V   - CINCO EXEMPLOS DE DIFAMAÇÕES

Capítulo   I - Assassinato do Padre Antônio Henrique Pereira Neto.................. 95

Capítulo   II - Chael Charles Schreier 102

Capítulo   III - Vera Sylvia Araújo Magalhães..... 105

Capítulo   IV - Thomas Koch...................... 111

Capítulo   V - Olavo Hansen..................... 112

TÍTULO VI   - ANGELO PEZZUTI E SEUS COMPANHEIROS DE PENITENCIÁRIA.. 114

TÍTULO VII - CALÚNIAS SÓRDIDAS - AS ALIENADAS E PARALÍTICAS...... 121

TÍTULO VIII - PRISÕES E TORTURAS EM MINAS GERAIS................. 122

TÍTULO IX   - ESTÓRIA DA ILHA DAS FLORES......................... 126

TÍTULO X   - "A OPERAÇÃO BANDEIRANTE - E O TERRORISMO EM SÃO PAULO 128

TÍTULO XI   - ALGUNS EXEMPLOS DA LEGISLAÇÃO BRASILEIRA............ 134

CONCLUSÃO 135

Índice da peça jurídica, não publicada, que pretendia desmentir oficialmente os crimes de graves violações de direitos humanos praticados pela ditadura brasileira.

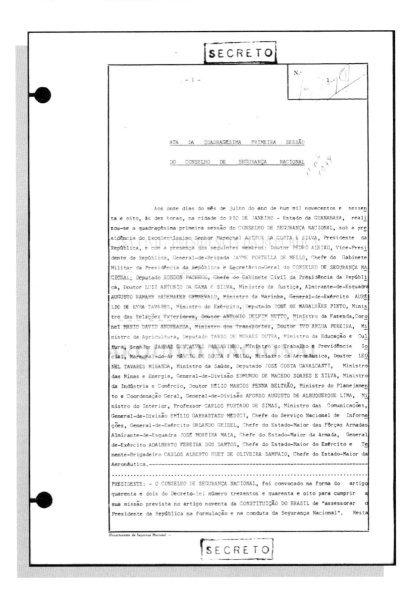

Apesar de o AI-5 ter sido implementado em 13 de dezembro de 1968, o governo de Costa e Silva já discutia a medida cinco meses antes, como mostra a ata da reunião do CSN de 11 de julho.

SECRETO

N.º 42

ATA DA VIGÉSIMA TERCEIRA SESSÃO
DO CONSELHO DE SEGURANÇA NACIONAL

Aos vinte e quatro dias do mês de abril do ano de mil novecen
tos e sessenta e quatro, às quinze horas e dez minutos, nesta cidade de BRASILIA, DISTRITO FEDERAL, no PALÁCIO DO PLANALTO, realizou
se a vigésima terceira sessão do Conselho de Segurança Nacional, /
sob a presidência do Excelentíssimo Senhor Marechal HUMBERTO DE A-
LENCAR CASTELO BRANCO, Presidente da República, e com a presença /
dos seguintes membros: Professor MILTON SOARES CAMPOS, Ministro da
Justiça e Negócios Interiores; Vice-Almirante ERNESTO DE MELLO BAP
TISTA, Ministro da Marinha; General de Exército ARTHUR DA COSTA E
SILVA, Ministro da Guerra; Embaixador VASCO TRISTÃO LEITÃO DA CU-
NHA, Ministro das Relações Exteriores; Doutor OCTAVIO GOUVEIA DE /
BULHÕES, Ministro da Fazenda; Marechal JUAREZ DO NASCIMENTO FERNAN
DES TÁVORA, Ministro da Viação e Obras Públicas; Professor OSCAR
THOMPSON FILHO, Ministro da Agricultura; Doutor FLÁVIO SUPLICY DE
LACERDA, Ministro da Educação e Cultura; Professor ARNALDO LOPES /
SUSSEKIND, Ministro do Trabalho e Previdência Social; Major-Briga-
deiro NELSON LAVANÈRE WANDERLEY, Ministro da Aeronáutica; Doutor
RAYMUNDO DE MOURA BRITO, Ministro da Saúde; DANIEL AGOSTINHO PARA-
CO, Ministro da Indústria e do Comércio; Engenheiro MÁRIO THIBAU ,
Ministro de Minas e Energia; Embaixador ROBERTO DE OLIVEIRA CAMPOS,
Ministro Extraordinário para o Planejamento e Coordenação Econômi-
ca; Doutor LUIZ VIANA FILHO, Ministro Extraordinário para os Assun
tos de Gabinete Civil; General de Exército PERY CONSTANT BEVILAC -
QUA, Chefe do Estado-Maior das Fôrças Armadas; Vice-Almirante LEVY
PENNA AARÃO REIS, Chefe do Estado-Maior da Armada; General de Divi
são EMILIO MAURELL FILHO, Chefe do Estado-Maior do Exército e Te -
nente-Brigadeiro HENRIQUE FLEIUSS, Chefe do Estado-Maior da Aero -
náutica. Esteve ainda presente à sessão o General de Brigada ERNES
TO GEISEL, Secretário-Geral do Conselho de Segurança Nacional. O
Excelentíssimo Senhor Presidente da República declarou aberta a /
sessão e se dirigiu aos senhores membros do Conselho de Segurança/
Nacional declarando que a sessão teria por finalidade a apreciação
de um caso internacional localizado no hemisfério, e dizendo s e r
dispensável qualquer apreciação inicial, pois que o relatório que
seria apresentado pelo Senhor Ministro das Relações Exteriores /

SECRETO

Primeira página da ata da reunião do CSN que discutiu o rompimento das
relações diplomáticas com Cuba, com os nomes dos presentes em 24 de
abril de 1964.

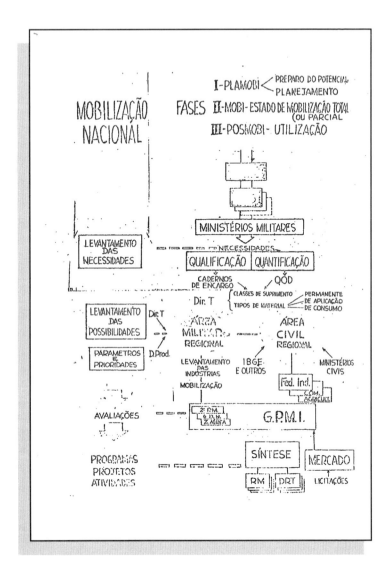

```
Civis:
    - Raphael Noschese
    - Theobaldo De Nigris
    - Victório Walter dos Reis Ferraz
    - Quirino Grassi
    - Paulo Mariano dos Reis Ferraz
    - João Gustavo Haenel
    - Oswaldo Palma
    - Vicente Chiaverini
    - Mario Amato
    - Decio Fernandes Vasconcellos
Militares:
    - Maj Brig Márcio de Souza Melo
    - Gen R/1 Edmundo Macedo Soares e Silva
    - Gen R/1 João Franco Pontes
    - CMG Luiz Penido Burnier
    - Cel Av José Vaz da Silva
    - Cel Augusto Cid de Camargo Osório
    - Cel Av Eng Agemar da Rocha Sanctos
    - Cel Eng Paulo Lobo Peçanha
    - Ten Cel I Aer Djalma Floriano Machado
    - Ten Cel (FIESP) Geraldo Paglia
    - Maj Anápio Gomes Filho
```

Em sua apresentação, o empresário Grassi também listou todos os membros fundadores do GPMI da Fiesp, uma diretoria responsável pela mobilização da indústria civil para fins bélicos.

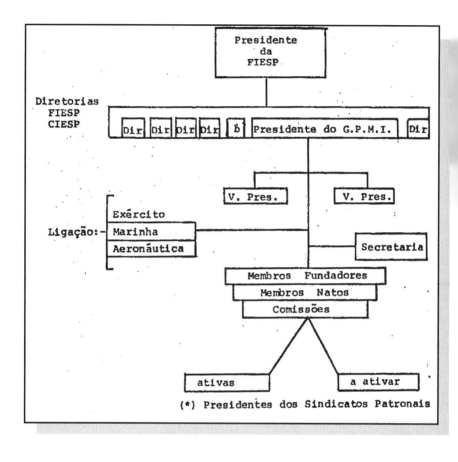

Organograma apresentado por Quirino Grassi na ESG em 1973, em que evidencia a ligação entre empresários e chefes das Forças Armadas no Brasil em 1964. À dir., montamos, a partir das informações colhidas, a estrutura articuladora de civis e militares.

À ESPERA DA VERDADE 175

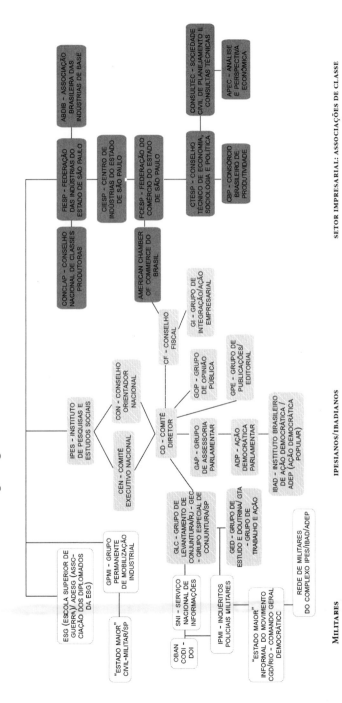

EMPRESAS

Uma nova diretoria da Fiesp: o Grupo Permanente de Mobilização Industrial

Rodolfo Machado / Felipe Amorim / Haroldo Ceravolo Sereza / Joana Monteleone / Vitor Sion

Um mês após o golpe que depôs o presidente João Goulart, uma diretoria da Federação das Indústrias do Estado de São Paulo (Fiesp) criada em 30 de abril de 1964 seria "o ponto de partida dos negócios entre a indústria e a ditadura".

As palavras são do jornalista e ex-militante da Ação Libertadora Nacional (ALN) Antonio Carlos Fon para caracterizar o Grupo Permanente de Mobilização Industrial (GPMI), instituição cujo objetivo oficial seria o de adaptar o parque industrial brasileiro à produção de equipamentos bélicos. Suas origens, porém, remontam às células de logística da conspiração que se preparavam para enfrentar as supostas forças leais a Jango durante a guerra civil que consideravam inevitável e iminente. Com a vitória golpista sem derramamento de sangue e a oficialização do GPMI da Fiesp ainda em abril de 64, evidenciou-se uma relação de "cumplicidade direta dos industriais com o esquema de força da repressão".

Com o esforço da indústria paulista, Fon afirma que houve uma readaptação do parque industrial às necessidades bélicas. Uma fabricante de máquina de costuras, por exemplo, passou a fazer metralhadoras — "mas a arma era muito ruim e não pegou", ressalva Fon. Empresas de cosméticos que produziam batons passaram a fazer planos para desenvolver cartuchos de munição.

A proximidade de Fon com o assunto vem de sua experiência como militante do setor de informações da ALN, grupo armado de resistência contra a ditadura. Além disso, Fon tem longa carreira no jornalismo, sobretudo o policial. Em sua passagem pela revista *Veja,* notabilizou-se por produzir as primeiras reportagens sobre os porões da ditadura, material posteriormente ampliado e reunido em seu livro *Tortura: a história da repressão política no Brasil.*

Dentre os membros-fundadores do GPMI, do lado civil, figurava o então presidente da Fiesp, Raphael Noschese (1910-2000), recentemente apontado por oferecer US$ 1,2 milhão ao general Amaury Kruel para que deixasse de apoiar o presidente Goulart. Além dele, estavam também os futuros presidentes da federação patronal Theobaldo De Nigris (1930-2013) e Mario Amato (1986-1992).

A origem

As forças que planejaram o golpe militar contra Goulart previam a realização de um conflito armado no Brasil. Meses antes de abril de 1964, os conspiradores já se preparavam para enfrentar uma resistência de Goulart e seus

À ESPERA DA VERDADE 181

aliados. O plano para derrubar o governo contava até mesmo com a possibilidade de indústrias e empresas alterarem a sua produção cotidiana para fabricar artefatos bélicos, como metralhadoras, cartuchos e carros de combate.

Exatamente um mês após o sucesso do golpe de Estado, o projeto de "mobilização industrial" foi oficializado a partir da criação de uma nova diretoria dentro da Fiesp: o GPMI.

Apesar de o confronto contra Goulart não ter saído do papel, os industriais que haviam se articulado para o golpe permaneceram atuando de forma conjunta e próximos dos militares. Essa atuação permitiu a mudança de uma série de práticas do Estado brasileiro — licitações para equipar as Forças Armadas, por exemplo, passariam a ser realizadas em São Paulo, e não mais no Rio de Janeiro.

Vários diretores e assessores de alto gabarito de empresas integrantes do GPMI seriam conduzidos a importantes cargos do novo governo, e os gastos das Forças Armadas com equipamentos industriais cresceriam significativamente nos anos que se seguiram a 1964.

Esse grupo deve ser considerado o berço da indústria bélica brasileira, reafirmou em entrevista o economista Jean-Claude Eduardo Silberfeld, que estudou a história do GPMI em dissertação de mestrado, defendida na PUC-SP em 1984, intitulada: *O Grupo Permanente de Mobilização Industrial da Federação das Indústrias do Estado de São Paulo: 1964-1967.*

"O GPMI é o embrião da indústria bélica nacional, pois ajudou a desenvolver empresas como a Embraer e a Engesa, além do CTA (Centro Técnico Aeroespacial). No contexto da Guerra Fria do final da década de 1960, podemos perceber a influência norte-americana não só no CTA, mas também no ITA (Instituto Tecnológico de Aeronáutica)", afirma Silberfeld, que nos recebeu para a entrevista na Federação do Comércio de Bens, Serviços e Turismo do Estado de São Paulo (FecomercioSP), onde era o responsável pelo setor de relações institucionais.

Além dos aviões da Embraer, que seguem na ativa até hoje, a produção bélica do Brasil nos anos da ditadura militar ficou marcada pelas exportações da Engesa, suprindo, especialmente, as necessidades de países do Oriente Médio na década de 1980. A companhia particular, que recebia incentivos e investimentos do Estado brasileiro, vendeu veículos blindados, canhões e alguns tipos de munição para mais de 30 países, totalizando US$ 3 bilhões.

A dissertação de Silberfeld foi feita com base nas atas das reuniões do GPMI. "Fui estagiário na Fiesp, então decidi estudar algo que eu tinha acesso fácil. À documentação da Fiesp eu tinha acesso", afirma. Hoje, porém, estão perdidas as atas, que mostram o envolvimento e o financiamento de diversas empresas à adaptação do parque industrial à produção de equipamentos bélicos.

A Fiesp afirma que a documentação foi doada à Unicamp. Nosso grupo de pesquisa, no entanto, foi até Campinas e também não encontrou o material. Procurada para fornecer maiores esclarecimentos sobre a atuação do GPMI, a Fiesp diz que a sua "atuação tem se pautado pela defesa da democracia e do Estado de Direito, e pelo desenvolvimento do Brasil. Eventos do passado que contrariem esses princípios podem e devem ser apurados".

A dissertação de Silberfeld, que traz a lista de empresas que contribuíram para arcar com os gastos da mobilização de 31 de março, sem, contudo, detalhar os valores, tornou-se assim um documento essencial para entender a relação entre empresários e militares no início da ditadura militar.

A diretoria do GPMI era obrigatoriamente composta por membros civis e militares. Um desses dirigentes era o general e ex-ministro Edmundo Macedo Soares e Silva (1901-1983), militar brasileiro que teve destacada passagem por algumas das maiores empresas do país, como Volkswagen, Mercedes Benz, Mesbla, Banco Mercantil de São Paulo e Light, conforme aponta o historiador e cientista político uruguaio René Armand Dreifuss em seu livro *1964: A conquista do Estado*.

Apesar da proximidade entre os dois setores, Silberfeld diz não ter encontrado, em sua pesquisa, qualquer indício que mostrasse o financiamento privado da repressão política. "O empresariado brasileiro nunca foi adepto dos ideais de esquerda, mas nunca vi nada relacionado à ação política e de repressão. Não se discutia nas atas questões relacionadas a patrão e empregado", argumenta.

Sobre a possível atuação do GPMI e de seus membros na posterior formação da Operação Bandeirante (Oban), a Comissão Nacional da Verdade concluiu que há indícios de que exista "uma linha de continuidade, desde o golpe, na relação de empresários com a estrutura coercitiva do regime e a perpetração de graves violações dos direitos humanos", salientando que se encontra, "na relação entre segmentos empresariais e as estruturas militares do Estado, uma das expressões mais significativas da participação civil no regime ditatorial" (BRASIL, 2014b, p. 322).

Silberfeld também lembra que o GPMI serviu como uma espécie de reconciliação entre as Forças Armadas e o empresariado paulista. "O GPMI serviu para se ter novamente uma relação do empresariado paulista com as Forças Armadas. Porque posteriormente a 1932, a relação de São Paulo com o governo Getúlio Vargas e os sucessores não foi exatamente a melhor. Tanto é que São Paulo não tinha generais nessa época, não tinha diplomatas. É Nordeste e Rio de Janeiro. A guarnição da década de 60 ainda era predominantemente do Rio. O peso político de São Paulo não correspondia ao peso econômico na década de 50 e 60."

Essa reconciliação, no entanto, ocorreu antes da deposição de Goulart, durante a conspiração, diferentemente do que a data de criação do GPMI, 30 de abril de 1964, sugere. Documentos obtidos por nosso grupo de pesquisa mostram que a união entre o empresariado paulista e as Forças Armadas se deu com a interlocução não só da Fiesp, mas também do então governador de São Paulo, Adhemar Pereira de Barros.

"Em princípios de 1963, um grupo de empresários de São Paulo, desejando prestar um trabalho visando a defesa dos nossos ideais democráticos e cristãos, articulou-se junto à Presidência da Federação das Indústrias do Estado de São Paulo, e em ligação com o então governador do Estado, oficiais Superiores do II Exército e o comandante da Força Pública do Estado de São Paulo, iniciou a preparação do que seria o movimento vitorioso de março de 1964 em São Paulo", afirmou Quirino Grassi, um dos fundadores do GPMI, em palestra proferida na ESG. O documento ainda aponta que "empresários paulistas [...] espontaneamente colaboraram para a consecução do movimento revolucionário que eclodiria em março de 1964" (GRASSI, 1973, p. 09).

O relatório final da CNV não deixou de indicar a existência do GPMI, o que ficou reforçado em depoimento prestado por Paulo Egydio Martins, ex-governador de São Paulo (1975-1979) e membro da Comissão de Mobilização Industrial do Estado Maior Civil-Militar de São Paulo, uma espécie de "comitê revolucionário" pré-1964, também de acordo com o uruguaio Dreifuss.

"Articulados com oficiais do II Exército, sediado na capital paulista, os conspiradores precisaram [...] recuperar suas condições operacionais, para o que foi fundamental a participação dos empresários industriais do estado, que abasteceram a unidade militar com veículos, peças de reposição e equipamentos variados", anotou a CNV. "Para isso, foi criado um grupo de trabalho industrial, no âmbito da Fiesp. Nosso grupo de mobilização industrial teve que se desdobrar para tornar o II Exército uma unidade móvel", lembrou o ex-político, um dos responsáveis pela logística do plano contra Goulart em São Paulo (MARTINS, 2007, p. 173).

Outro trecho do relatório da CNV também detalha a criação do GPMI:

> Vitoriosa a operação golpista, no dia 30 de abril, formou-se oficialmente, no interior da Fiesp, o GPMI. É a própria entidade que explica: 'Da conscientização operacional das Forças Armadas, aliada à adequação do momento político e ao apoio das organizações militares, sediadas no estado de São Paulo, e com o aval dos ministérios militares, assim como do Estado-Maior das Forças Armadas (EMFA), surgiu o GPMI da Fiesp. Esse tinha por incumbência servir de intermediário no relacionamento indústria-Forças Armadas, no esforço de alterar a indústria nacional, de que o preparo permanente da mobilização industrial é a única solução para o país estar adequadamente preparado para situações excepcionais.

Silberfeld, por sua vez, também lembra que entre as preocupações dos fundadores do GPMI estavam um possível conflito com a Argentina e a instabilidade no contexto da Guerra Fria. Na hipótese de guerra de fato, as dificuldades para a importação de material bélico estavam na raiz das adaptações a serem feitas no complexo industrial-militar brasileiro.

O relatório da CNV ainda cita uma palestra do presidente da Fiesp, de 1972, Theobaldo de Nigris, intitulada "A industrialização, a Segurança Nacional e o GPMI da Fiesp". Essa fala ocorreu na ESG e está, atualmente, entre os documentos de acesso livre da biblioteca da instituição. De Nigris afirma na palestra que "toda mobilização militar tem que ser fundamentada na indústria civil, que suprirá as necessidades das Forças Armadas em condições de menores custos e de padrões da melhor qualidade" (NIGRIS, 1972, p. 10).

O financiamento da repressão

Como jornalista atuante na cobertura policial e, simultaneamente, militante da ALN, o jornalista Antonio Carlos Fon acompanhou de dentro a "formação do Estado policial no Brasil". Na entrevista ao grupo de pesquisa, cujo vídeo está disponível na internet,[1] além de relatar a criação do GPMI da Fiesp, Fon também explicitou como o processo de montagem e financiamento da repressão política durante a ditadura permeou a sociedade por inteiro.

Dando mais exemplos sobre os esquemas de financiamento da repressão durante o regime civil-militar, Fon relata que havia métodos tecnicamente legais para fazer fluir o dinheiro, como o que teria sido engendrado pelo ministro Delfim Netto por meio dos subsídios à indústria têxtil.

Em depoimento na Câmara Municipal de São Paulo de 26 de novembro de 2013, o ex-governador Paulo Egydio Martins foi questionado sobre a conspiração entre civis e militares para derrubar o presidente João Goulart em 1964. Segundo ele, "todos os grupos comerciais" contribuíram com o golpe.

---

1 http://ultimainstancia.uol.com.br/conteudo/noticias/70003/ diretoria+da+fiesp+foi+ponto+de+partida+de+negocios+entre+industria+e +ditadura+em+64+diz+ex-membro+da+aln.shtml.

"Se você me perguntasse quem não contribuiu, eu não saberia responder. Quem coordenou essa contribuição foram vários grupos, mas dois se destacaram: Theodoro Quartim Barbosa, presidente do Banco do Comércio e Indústria de São Paulo, grande líder empresarial da época, e Gastão Eduardo Bueno Vidigal, presidente do Banco Mercantil de São Paulo. A cada discurso que o Jango fazia em Brasília, aumentavam as contribuições".

Questionado sobre o financiamento da Operação Bandeirante (Oban), que deu origem ao DOI-CODI, Paulo Egydio disse não saber dos detalhes. "Mas não vejo nenhum motivo para que as doações fossem interrompidas."

Apesar de assumir que participou da organização para derrubar Jango e de ter sido ministro da Indústria e Comércio do governo Castello Branco (1964-1967), Paulo Egydio lamentou na ocasião o rumo tomado pelo regime militar. "Dois meses depois do golpe nós já víamos que nossa revolução tinha acabado. Mas seria impossível derrubar o governo militar ficando de fora."

Os acionistas críticos de Volkswagen, Siemens e Mercedes-Benz

Vitor Sion / Felipe Amorim / Patrícia Dichtchekenian

A Associação de Acionistas Críticos questionou publicamente a direção da Volkswagen sobre a relação entre a companhia e a ditadura brasileira. O pedido de explicações ocorreu durante a reunião anual de prestação de contas da companhia, em 13 de maio de 2014, na cidade de Hannover (Alemanha).

"Nós exigimos que a Volkswagen investigue e esclareça imediatamente esses casos, tendo em vista o recente aniversário de 50 anos do Golpe Militar brasileiro. A Volkswagen deve admitir e assumir sua responsabilidade histórica no fato", argumenta o documento.

No caso do envolvimento com a ditadura militar, a Volkswagen deverá responder sobre as contribuições financeiras dadas ao Instituto de Pesquisas e Estudos Sociais (Ipês) e ao Grupo Permanente de Mobilização Industrial, diretoria criada na federação das indústrias em abril de 1964 (GPMI da Fiesp). De acordo com a Associação de Acionistas

Críticos, esse dinheiro teria sido usado para a construção de um complexo militar-industrial no Brasil, sob a orientação da Escola Superior de Guerra (ESG).

Além disso, os representantes da empresa alemã serão obrigados a se posicionar sobre a denúncia de que ao menos três funcionários da sua subsidiária Scania foram demitidos e tiveram informações repassadas ao Delegacia de Ordem Política e Social (Dops) depois que a polícia os prendeu por, supostamente, fazerem parte de um "movimento socialista".

A Associação de Acionistas Críticos é um grupo sem fins lucrativos que possui ações em mais de 25 das maiores empresas da Alemanha e, por isso, tem o direito de se posicionar nas reuniões anuais de apresentação de balanço. A companhia questionada é obrigada a responder algo no mesmo evento.

O GPMI foi uma diretoria criada dentro da Fiesp oficialmente em 30 de abril de 1964, como vimos no capítulo anterior; caracterizada como "o ponto de partida dos negócios entre a indústria e a ditadura", segundo o jornalista e ex-militante da luta armada Antonio Carlos Fon. Seu objetivo oficial seria readaptar o parque industrial brasileiro à produção de equipamentos bélicos. Sua atuação, entretanto, era mais profunda: remonta às células de logística da conspiração que se preparavam para derrubar o presidente João Goulart desde 1961.

A empresa Volkswagen do Brasil aparece nas atas de reunião do GPMI como uma das "Firmas que doaram verbalmente" ao grupo.

Evidenciando a relação próxima entre as Forças Armadas e as grandes empresas, a diretoria do GPMI era obrigatoriamente composta por membros civis e militares. Um desses dirigentes era o general e ex-ministro Edmundo Macedo Soares e Silva, militar brasileiro que teve destacada passagem por diversas megaempresas, entre as quais estava a Volkswagen — além de Mercedes Benz, Mesbla, Banco Mercantil de São Paulo e Light, conforme aponta o historiador e cientista político uruguaio René Armand Dreifuss em seu livro *1964: A conquista do Estado*.

Contatada por nosso grupo de pesquisa, a assessoria de imprensa da Volkswagen respondeu que a empresa estava "aberta a contribuir com o trabalho da Comissão da Verdade e permanece à disposição para colaborar com as informações que forem necessárias". Acrescentou que irá esclarecer sua relação com a ditadura brasileira caso a Comissão Nacional da Verdade revele provas de que houve violação dos direitos humanos por parte da empresa no período em que os militares comandavam o Brasil.

Em reunião anual de balanço na Alemanha, a companhia foi questionada sobre suas ligações com a cúpula da ditadura no Brasil e declarou: "caso a Comissão Nacional da Verdade do Brasil revele provas de violações de direitos humanos na qual a Volkswagen do Brasil e/ou seus funcionários tomaram parte, então trataremos de esclarecer".

Na resposta, a empresa ainda disse que já realizou trabalho semelhante ao investigar sua relação com a Alemanha nazista e que orienta todas as suas filiais pelo mundo a ter como meta a investigação de seu passado.

Em março de 2015, a Volkswagen fez parte de uma audiência pública para esclarecer a colaboração do empresariado paulista na repressão aos trabalhadores durante o período militar. A sessão ocorreu no auditório da Assembleia Legislativa de São Paulo e contou com a presença de ex-funcionários da montadora que relataram experiências de repressão dentro da fábrica.

"A Volkswagen veio com estrutura fantástica à sessão. Mas acho que eles saíram muito mal na foto. Não responderam às perguntas, tinham uma tremenda de uma blindagem. O depoimento em si foi muito fraco e vazio, querendo proteger acima de tudo a imagem da empresa", relatou Adriano Diogo, então deputado estadual e presidente da Comissão da Verdade do Estado de São Paulo "Rubens Paiva". "Lá, os alemães estão abrindo tudo e analisando todos os arquivos com vínculos ao nazismo. Aqui, a Volkswagen diz que é tudo mentira", completou Diogo.

Siemens

Durante a reunião anual de prestação de contas da multinacional alemã Siemens, em Munique, um grupo de acionistas minoritários questionou a empresa por seu envolvimento com a ditadura militar brasileira. Ao exigir esclarecimentos, a Associação de Acionistas Críticos fez uso do relatório final da

À ESPERA DA VERDADE

CNV, que cita a Siemens como uma das financiadoras da Operação Bandeirante (Oban), órgão da repressão que mais tarde daria origem ao DOI-Codi — o principal centro de tortura e morte do regime militar.

"O Conselho de Supervisão da Siemens se negou a investigar e esclarecer estes incidentes, nem mesmo tendo em vista o contexto do aniversário de 50 anos do golpe militar no Brasil. A Siemens deve encarar sua responsabilidade histórica e admitir os atos que cometeu", assinala o documento entregue pela associação e lido diante dos demais acionistas e diretores da multinacional na reunião de 27 de janeiro de 2015.

O questionamento da associação se baseou no trabalho de investigação da CNV, cujo relatório final foi publicado no dia 10 de dezembro de 2014 (BRASIL, 2014b, p. 320).

Ao expor o caso na reunião, Christian Russau, membro da diretoria da Associação dos Acionistas Críticos, acrescentou que relatos dão conta de que, no total, 66 pessoas foram assassinadas nas dependências do complexo Oban/DOI-Codi, entre as quais 39 morreram sob tortura — número também confirmado pelo jornalista Marcelo Godoy, autor do livro *A casa da vovó*, biografia sobre o centro de repressão paulista.

"Isto aconteceu há 40 anos. O que nos interessa é a Siemens hoje", respondeu na ocasião Gerhard Cromme, chefe do Conselho de Administração da multinacional. "Você denigre a memória dos homens que morreram sob tortura.

Isto é cínico", replicou Russau, insistindo na importância de esclarecer as violações, ainda que ocorridas décadas atrás.

O acionista também inquiriu Joe Kaeser, CEO da Siemens, perguntando se a empresa tem conhecimento sobre o conluio com os órgãos de repressão da ditadura brasileira, ou se há planos para investigar as denúncias. Kaeser disse que a Siemens, ao ter notícia do envolvimento, pesquisou nos arquivos financeiros e não encontrou nada.

Mercedes-Benz

A multinacional automobilística alemã Daimler S.A., fabricante da Mercedes-Benz, foi questionada em 1º de abril de 2015, aniversário de 51 anos do golpe militar, pela Associação de Acionistas Críticos a respeito de seu envolvimento com a ditadura brasileira. As perguntas direcionadas à empresa repercutiram o relatório final da CNV, que cita a firma como uma das financiadoras da Oban. A empresa negou envolvimento com a ditadura.

"O Conselho Diretor da Daimler falhou ao não investigar e esclarecer de imediato esses eventos [envolvimento com a ditadura brasileira]. A Daimler deve encarar e reconhecer sua responsabilidade histórica", dizia a moção movida pelos Acionistas Críticos.

A Mercedes-Benz é citada em duas passagens no volume II do relatório final da CNV. Na primeira delas (p.70), faz-se referência à prisão de alguns metalúrgicos da companhia, em ação que ocorreu também contra funcionários da Perkins e da Metal Leve e no mesmo dia em que Lúcio Bellentani foi preso e agredido na Volkswagen de São Bernardo do Campo. Já a segunda vez diz respeito ao financiamento da Oban:

> Ao lado dos banqueiros, diversas multinacionais financiaram a formação da Oban, como os grupos Ultra, Ford, General Motors, Camargo Corrêa, Objetivo e Folha. Também colaboraram multinacionais como a Nestlé, General Eletric, Mercedes Benz, Siemens e Light. (p. 320)

Antes da reunião com os acionistas no início de 2015, a empresa já havia respondido textualmente aos questionamentos, negando envolvimento com a ditadura e afirmando não ter sido comunicada das acusações pela CNV brasileira.

"Estamos acompanhando o trabalho da comissão e começamos nossa própria investigação há algum tempo. Nossos pesquisadores ainda não revelaram quaisquer indicações de apoio da empresa ao regime militar brasileiro. Não encontramos evidências para as acusações de que a Mercedes-Benz teria financiado a Oban. Também não encontramos tais evidências no relatório da CNV. Respeitar e proteger os direitos humanos são princípios de muita importância para a Daimler. Certamente estamos dispostos a dar apoio às autoridades brasileiras para o esclarecimento dos fatos", argumentava a nota da companhia.

No encontro anual, realizado em Berlim e com a presença de mais de 3 mil acionistas da empresa, a Daimler reiterou verbalmente sua posição, o que não foi suficiente para os Acionistas Críticos. "Como a maior parte dos documentos e arquivos no Brasil não existe mais, a Daimler deveria primeiro contatar, conversar e escutar as testemunhas e vítimas, para primeiramente recuperar a memória", sugeriu Christan Russau, membro da diretoria dos Acionistas Críticos. "Em um segundo passo, a Daimler deverá assumir responsabilidade frente às vítimas, aos parentes deles e à sociedade brasileira", completa.

Russau relatou também que o CEO da Daimler, Dieter Zetsche, afirmou que a companhia chegou a procurar ex-funcionários alemães da época para perguntar se havia notícias da colaboração da filial brasileira com o regime militar — todos disseram que não sabiam de nada.

Pressionado novamente, Zetsche afirmou que está nos planos da Daimler colher depoimentos de ex-funcionários brasileiros. O executivo, entretanto, não especificou quem seria responsável pelo trabalho de investigação e resgate da memória. Os Acionistas Críticos sugeriram que a empresa indicasse para o trabalho Valter Sanches, brasileiro, sindicalista e membro do Conselho de Administração da Daimler.

O nazista da Volkswagen

Felipe Amorim / Rodolfo Machado

Franz Paul Stangl, conhecido criminoso nazista que havia fugido para o Brasil após o fim da Segunda Guerra Mundial (1939-1945), foi preso enquanto trabalhava na Volkswagen de São Bernardo do Campo, na noite de 28 de fevereiro de 1967, em uma operação do Dops comandada pelo delegado José Paulo Bonchristiano, ex-chefe da Divisão de Ordem Política do órgão paulista da ditadura.

Austríaco de nascimento, Stangl foi o comandante nazista da SS responsável por chefiar os campos de extermínio de Sobibór e Treblinka, na Polônia ocupada pelo III Reich alemão. Depois do fim da Segunda Guerra, Stangl chegou a ser preso na Áustria, mas conseguiu escapar para Roma com sua família. Ali, como tantos outros oficiais católicos da SS, obteve apoio do bispo Alois Hudal (1885-1963) no Vaticano.

Segundo o livro *Nazis on the run* ("Nazistas em fuga", sem edição no Brasil), do historiador austríaco Gerald

Steinacher, Stangl recebeu das mãos do bispo católico um documento de viagem como "refugiado" da Cruz Vermelha. Com o certificado, o nazista chegou a passar pela Síria antes de desembarcar no Brasil, em definitivo, em 1951. No consulado austríaco em São Paulo, o fugitivo, embora fosse criminoso mundialmente procurado, registrou-se com seu nome original e passou a viver legalmente no país, sem alterar a identidade, a partir de 1954.

A historiadora austríaca Gitta Sereny, no livro-reportagem *No meio das trevas*, que conta a história de Stangl, diz que, embora a Volkswagen seja geralmente citada como uma das empresas que "fornecia 'cobertura' a fugitivos nazistas", não há como provar que a montadora agiu de má fé ao empregar Stangl — o nazista só conseguiu o trabalho em outubro de 1959, após oito anos de uma vida modesta no Brasil, ela argumenta. Para Sereny, é mais provável que Stangl tenha sido indicado para o cargo por sua esposa Theresa, que batia ponto na Mercedes-Benz.

Por outro lado, a historiadora aponta que não houve movimentos, nem por parte das autoridades, nem da multinacional alemã, para investigar o caso, no mínimo, suspeito. "Parece que a 'Lista dos Procurados' nunca foi checada pelo consulado austríaco em São Paulo, embora seu nome figurasse por lá desde 1964. E aparentemente nem uma pessoa sequer na Volkswagen procurou fazer qualquer pergunta, muito embora tanto seus colegas de trabalho quanto seus chefes pelo menos sabiam o nome de Stangl e presumivelmente liam os jornais" (SERENY, 1983, p. 355).

À ESPERA DA VERDADE

A prisão de Stangl dentro da Volkswagen

Stangl foi preso na noite de 28 de fevereiro de 1967. A polícia política paulista — que posteriormente usou a operação para se defender das acusações de que "só prendia comunistas" — foi informada do paradeiro do criminoso internacional por Simon Wiesenthal (1908-2005), conhecido "caçador de nazistas". "Se eu fosse entregue aos judeus estava perdido", ainda teria dito Stangl após a sua captura ao delegado do Dops, referindo-se ao serviço secreto de Israel, segundo reportagem de Marcelo Godoy no jornal *Estado de S. Paulo*, de 4 de maio de 2013.

Após ser extraditado para a Alemanha, Stangl foi julgado pelo assassinato em massa de 900 mil pessoas e condenado à prisão perpétua em dezembro de 1970. No fim da vida, admitiu os crimes, mas ressalvou: "Minha consciência está limpa. Estava apenas cumprindo meu dever". Franz Paul Stangl morreu na prisão em 28 de junho de 1971 enquanto ainda apelava da sentença.

Evidências da atuação da Volkswagen na ditadura

Felipe Amorim / Rodolfo Machado / Vitor Sion

"Existe uma profusão de documentos que comprovam a cooperação da empresa [Volkswgen do Brasil] com órgãos policiais de segurança do Dops", afirma o texto final da CNV (BRASIL, 2014b, p. 67). Uma das provas citadas pela comissão é um relatório enviado ao Dops pelo setor de segurança interna da multinacional relatando a atividade sindical. O documento, encontrado nos arquivos da polícia política paulista, apresenta "um resumo" informativo, comunicando, por exemplo, a realização de um comício na portaria da Volkswagen, em 26 de março de 1980.

No documento, o então sindicalista Luiz Inácio Lula da Silva alertava os próprios metalúrgicos sobre o monitoramento ao qual estavam sujeitos na montadora alemã. "Dentro da Volks, a segurança fica de olho em vocês através de um circuito de televisão. Tomem cuidado, porque os tenentes do Exército que trabalham aí têm um circuito fechado de televisão onde conseguem ver vocês dentro da sessão", dizia o futuro presidente da República no comício sindical.

A CNV, após as investigações, apurou que há evidências de um "padrão de monitoramento, controle e repressão fabril altamente complexo" na fábrica paulista da Volkswagen. "Divisões de recursos humanos, de segurança patrimonial e outras, sob o comando do Estado, articulando-se regionalmente e compondo uma rede estatal-privada destinada a conter, disciplinar e reprimir, para obter maior rendimento no trabalho, operários e operárias", (BRASIL, 2014b, p. 67).

No relatório da CNV, ainda consta o depoimento de um sindicalista e ex-funcionário da Volkswagen, Lúcio Bellentani, que relata ter sido preso e torturado pela ditadura na própria fábrica da multinacional em São Bernardo do Campo. "Estava trabalhando e chegaram dois indivíduos com metralhadora, encostaram nas minhas costas, já me algemaram. Na hora em que cheguei à sala de segurança da Volkswagen já começou a tortura, já comecei a apanhar ali", conta Bellentani.

Mais adiante no relatório, no capítulo "Civis que colaboraram com a ditadura", a Volkswagen do Brasil também é mencionada como apoiadora — inclusive, com aportes financeiros — de órgãos como o Instituto de Pesquisas e Estudos Sociais (Ipês), Grupo Permanente de Mobilização da Fiesp (GPMI) e Operação Bandeirantes (Oban). "Isso constituiria uma linha de continuidade, desde o golpe, na relação de empresários com a estrutura coercitiva do regime e a perpetração de graves violações dos direitos humanos", escreve a CNV (BRASIL, 2014b, p. 322).

O coronel Adhemar Rudge

Um dos funcionários da Volkswagen do Brasil responsáveis pela montagem do setor de vigilância e monitoramento da unidade do ABC paulista foi o coronel Adhemar Rudge, segundo a CNV.

Rudge chefiou a Divisão de Segurança Industrial e Transporte da Volkswagen de São Bernardo do Campo a partir de junho de 1969, permanecendo na empresa até 1991, quando se aposentou. O coronel do Exército era engenheiro de formação e dominava o idioma alemão. Ele comandava o aparato que acompanhava de perto o dia a dia da fábrica e, especialmente, estava atento às atividades sindicalistas consideradas "subversivas", em constante contato com órgãos da repressão do governo brasileiro na ditadura.

O setor de segurança da Volks já contava com mais de 40 funcionários em 1971, recrutados na polícia e também entre os quadros das Forças Armadas. "Nunca houve terroristas nas fábricas. Nós preveníamos, eventualmente, com alguma troca de informações com o Dops", conta o próprio coronel Rudge, ao jornalista José Casado, segundo reportagem de *O Globo* publicada em 15 de maio de 2005.

Documento revelado pelo relatório final da CNV e constante do acervo do Dops paulista, disponível no Arquivo Público do Estado de São Paulo, mostra um memorando de "comunicação interna", em papel timbrado da Volkswagen, assinado por Adhemar Rudge.

No documento, que acabou circulando no setor de informações do Dops, o coronel comunica a empresa das atividades sindicais em andamento na região monitorada por sua equipe. Entre os destinatários das informações estão a presidência da companhia, a diretoria de produção e a divisão jurídica.

No dia 26 de junho de 2014, aos 88 anos de idade, o coronel Rudge — descendente do bandeirante Gaspar Vaz — foi recebido com honrarias na Câmara Municipal de Mogi das Cruzes, quando foi concedido a ele o título de Cidadão Mogiano. Ao longo de sua trajetória, chegou a ser diretor da Polícia Civil, membro da Força de Emergência da ONU (Unef) e representante do "Pessoal Civil" no governo Castello Branco (1964-1967), indicado por Luiz Antonio da Gama e Silva que, futuramente, viria a ser, como ministro da Justiça, idealizador do AI-5.

Procurada pelo grupo de pesquisa, a assessoria de imprensa da multinacional alemã respondeu ao conteúdo do relatório da CNV. "A Volkswagen investigará qualquer indicação de uma eventual participação de funcionários no fornecimento de informações ao regime militar no País. A Volkswagen é reconhecida como um modelo por tratar seriamente a sua história corporativa. A empresa irá lidar com este assunto da mesma forma."

"Um novo capítulo no processo de justiça, verdade e reparação"
No dia 22 de setembro de 2015, o Ministério Público Federal recebeu denúncia contra a Volkswagen por participação na repressão a trabalhadores durante a ditadura.

Subscrita por dez centrais sindicais, as Comissões da Verdade do Estado de São Paulo e do município de São Bernardo, bem como representantes das vítimas de atos de tortura e prisão, a representação apresentada pelo Fórum de Trabalhadores por Verdade, Justiça e Reparação visa fornecer subsídios histórico-jurídicos à Procuradoria para a elaboração de uma Ação Civil Pública contra a multinacional alemã.

Coordenador do Projeto "Investigação Operária" e do processo de elaboração da representação histórico--jurídica, Sebastião Neto explicou na ocasião que o objetivo do Fórum de Trabalhadores por Verdade, Justiça e Reparação é "cobrar, através do processo de judicialização, uma admissão de culpa e a reparação coletiva às vítimas por parte da multinacional".

"É preciso que o setor empresarial que esteve intimamente ligado ao golpe e ao regime militar seja identificado e responsabilizado. A Volkswagen é só a primeira neste processo de busca de verdade, justiça e reparação", concluiu.

Recebida a representação pelo MPF, o procurador Marlon Weichert afiançou que se trata de "uma inversão importante no processo de memória e verdade o fato de a sociedade civil ter tomado a iniciativa de reunir e apresentar uma documentação de difícil acesso como neste caso. Vocês estão nos dando uma oportunidade de abrirmos um novo capítulo importante no processo de justiça, verdade e reparação".

RELAÇÕES INTERNACIONAIS

A questão cubana no Conselho de Segurança Nacional em 1964

Vitor Sion

Na primeira reunião do Conselho de Segurança Nacional[1] após o golpe de 1964, o principal foco de discussão foi a suspensão das relações bilaterais com Cuba. Colocado no poder com o apoio dos Estados Unidos, o presidente Humberto de Alencar Castello Branco defendeu a manutenção do laço com a ilha caribenha, país que passou a ser visto como o maior adversário norte-americano no hemisfério desde a chegada de Fidel Castro ao poder, em 1959.

Por 12 votos a 5, porém, predominou a opinião do ministro das Relações Exteriores, Vasco Leitão da Cunha (1903-1984), que defendeu o rompimento imediato com Havana.

---

1   O grupo, que produziu mais de 3 mil páginas de documentos secretos, divulgados apenas em 2009, era um dos órgãos de assessoramento direto ao presidente da República durante a ditadura, ao lado do Serviço Nacional de Informações (SNI) e do Estado-Maior das Forças Armadas.

Castello Branco preferia esperar um parecer da Organização dos Estados Americanos (OEA), que acabou se reunindo em julho de 1964 em Washington. O primeiro presidente da ditadura militar brasileira queria ter tempo para mostrar que seu governo instalaria medidas pelo "bem-estar do povo".

"Somos um governo novo que ainda não tomou nenhuma medida para o povo, a não ser o restabelecimento da ordem e de uma certa tranquilidade. Não podemos tomar uma medida de ordem internacional, no plano ideológico, sem nos termos voltado para o povo com medidas que ele reclama para seu bem-estar" (BRASIL, 1964, p. 8), argumentou Castello Branco, antes de abrir a votação aos demais ministros.

A sessão de 24 de abril de 1964 foi iniciada com a apresentação de um relatório pelo ministro das Relações Exteriores. Vasco Leitão da Cunha, ao final de sua fala, fez um parecer específico sobre Cuba. "As relações entre Brasil e Cuba já não servem a qualquer propósito útil, para não dizer mais. O caminho claramente aponta para o rompimento imediato" (BRASIL, 1964, p. 8).

Outro argumento usado pelo chanceler foi o de que o Brasil poderia demonstrar sua liderança na região suspendendo imediatamente os laços, caso tal atitude fosse seguida por outros governos. "Os países que ainda não se animaram a romper relações se sentirão fortalecidos para tomar essa atitude."

Leitão da Cunha ainda reclamava que Fidel não reconhecera o governo brasileiro que derrubou João Goulart. Entre os ministros que apoiaram essa posição vencedora estavam o futuro presidente Arthur da Costa e Silva (Guerra), Milton Soares Campos (Justiça) e Flávio Suplicy de Lacerda (Educação e Cultura).

Ao lado de Castello Branco ficaram Roberto Campos (Planejamento), Pery Constant Bevilácqua (Estado-Maior das Forças Armadas) e Juarez Távora (Viação e Obras Públicas).

Ex-embaixador em Washington, Campos pode ser considerado o ideólogo da posição do grupo *castellista*. "Se não rompermos com outros países socialistas, não haveria consequência lógica em rompermos com Cuba. [...] Mantendo relações, apesar da discordância ideológica, não é uma atitude de fraqueza. É um reconhecimento prático de que o governo controla a situação em seu território" (BRASIL, 1964, p. 14). De fato, o Brasil não rompeu com a União Soviética durante o regime militar, apesar de nenhum presidente desse período ter visitado o país.

Depois do posicionamento de todos os ministros, Castello Branco concluiu: "Assistimos aqui a uma verdadeira manifestação da opinião pública. Cada ministro falou com a responsabilidade de Ministro de Estado e, sem o querer, interpretando correntes da opinião pública brasileira. Compete a mim interpretar a resultante" (BRASIL, 1964, p. 15).

Derrotado no Conselho de Segurança Nacional, o primeiro presidente da ditadura nacional cedeu e, 19 dias depois, anunciou o rompimento com Havana por "repetida interferência de Cuba nos negócios internos brasileiros e pelo desejo do governo de não permitir ação comunista no Brasil".

Na reunião da OEA que poderia ter definido a posição do Brasil sobre Cuba, ficou decidido que nenhum país do continente poderia manter laços com Fidel e seu governo. Já rompida com a ilha caribenha, a chancelaria brasileira teve destaque na IX Reunião de Consulta dos Ministros das Relações Exteriores da OEA, presidindo os trabalhos.

Ao suspender as relações com Cuba, o Brasil sinalizou o fim da chamada Política Externa Independente, implementada durante os governos Goulart (1961-1964) e Jânio Quadros (1961) e que tinha o objetivo de diversificar os laços do país, diminuindo a importância dos Estados Unidos.

O temor de que o Brasil pudesse seguir o exemplo de Cuba e se aproximar da URSS foi um dos motivos para o apoio norte-americano ao golpe de 1964. As relações bilaterais com Havana foram restabelecidas em 1986, no mandato de José Sarney.

Golpe contra o Chile, antes de Allende

Vitor Sion

Em 1966, quatro anos antes da eleição de Salvador Allende (1908-1973) à Presidência do Chile, a ditadura brasileira se colocou à disposição para colaborar com um golpe de Estado contra um eventual governo da esquerda chilena. Na época, o Chile era presidido pelo democrata cristão Eduardo Frei Montalva (1911-1982), mas ainda assim o marechal Humberto Castello Branco e seus ministros demonstravam preocupação com os rumos do país.

A estratégia do Brasil para lidar com o crescimento da candidatura de Allende, que tinha o apoio de ao menos 30% do eleitorado local, segundo o então chanceler Juracy Magalhães (1905-2001), está registrada em ata do Conselho de Segurança Nacional, que era um dos órgãos de assessoramento direto ao presidente da República durante a ditadura, ao lado do SNI e do Estado-Maior das Forças Armadas.

Na reunião do conselho de 24 de outubro de 1966, Magalhães expôs aos demais ministros os resultados de suas viagens por Europa, Estados Unidos e América Latina. Em Santiago, o chanceler discutiu com seu par chileno, Gabriel Valdés (1919-2011), o que aconteceria se o Partido Comunista vencesse as eleições presidenciais de 1970.

"Devo dizer, 'off records', que tive oportunidade de analisar com o Ministro Valdés a possibilidade de uma vitória do Partido Comunista nas futuras eleições, ainda longínquas, se o Governo Frei não conseguir realizar as aspirações do povo chileno. Então — isso eu dizia — seria o caso de ter a possibilidade do hemisfério agir em benefício do Chile" (BRASIL, 1966, p. 7), afirmou Magalhães.

A resposta de Valdés, comemorada pelo representante de Castello Branco, mostrava que o Brasil não era o único que tinha planos de derrubar um governo que ainda nem existia. "Ele, então, me disse — com surpresa para mim — que está convencido de que, se o Partido Comunista se tornasse majoritário, as forças vivas da Nação agiriam no Chile, como agiram no Brasil e na Argentina. Isso é uma declaração da mais alta importância e inteiramente surpreendente para nós, porque a nossa impressão era de que o Chile estava se conduzindo de maneira a acatar um resultado eventual das urnas, a favor do comunismo" (BRASIL, 1966, p. 7).

A viagem do chanceler brasileiro — famoso por sua frase "o que é bom para os EUA é bom para o Brasil" — ocorreu como um "esforço para o restabelecimento da posição de liderança natural do Brasil no âmbito continental", nas palavras do próprio Magalhães. Ao iniciar sua exposição sobre a América Latina (no mesmo mês ele também visitou Bolívia, Argentina e Uruguai), ele lembrou que "a projeção do Brasil no continente americano e, através dele, no mundo, é um dos objetivos primordiais da política exterior brasileira, tal como definida pelo Senhor Presidente da República".

O Itamaraty vivia um período de desconfiança com os países sul-americanos depois da "Conferência de Bogotá", na qual Chile, Colômbia, Venezuela, Peru e Equador discutiram a criação de um novo bloco econômico que não se concretizou. Magalhães chegou a se queixar para o Departamento de Estado norte-americano de que não havia sido avisado de tal encontro. Na reunião do Conselho de Segurança Nacional, o então ministro do Planejamento e ex-embaixador em Washington, Roberto Campos, explicou que tal iniciativa entre nações de tamanho médio "criaria problemas políticos muito sérios para o Brasil, na marcha para a integração". "Folgo saber que o Ministro do Exterior conseguiu, por assim dizer, estabelecer uma cunha nesta frente dos países médios" (BRASIL, 1966, p. 23).

Campos, um dos conselheiros mais próximos de Castello Branco, ainda fez uma comparação entre os momentos econômicos de Chile e Brasil. Ambos tentavam reduzir a inflação e atrair investimentos estrangeiros, mas, até aquele momento, Santiago obtinha mais sucesso nesses objetivos. A principal diferença, segundo o ministro, era que o governo chileno "seguiu uma orientação mais humanitária", enquanto o brasileiro mantinha postura "mais austera e desenvolvimentista".

Apesar do foco nas questões sociais, o presidente Eduardo Frei não conseguiu impedir a chegada da esquerda ao poder. Allende, que já havia sido candidato à Presidência outras três vezes, foi eleito em 4 de setembro de 1970, liderando uma frente ampla das esquerdas — com os partidos Socialista e Comunista à frente — na Unidade Popular.

Três anos depois, o Exército chileno implementou o plano citado por Valdés e colocou no poder o general Augusto Pinochet, que governou até 1990 uma das mais sangrentas ditaduras do continente. A influência exata do Brasil no movimento golpista ainda é discutida, mas há referência de que Brasília financiou políticos opositores durante todo o mandato de Allende. Aliado de primeira hora de Pinochet, o regime militar brasileiro se manteve ao lado do parceiro na Operação Condor, ação conjunta de repressão na América do Sul que também contou com o apoio de Argentina, Bolívia, Paraguai e Uruguai nas décadas de 1970 e 1980.

Os vínculos internacionais

Felipe Amorim / Rodolfo Machado

Além de atuar no movimento civil-militar que conspirou e depôs o presidente João Goulart em 1964, a elite empresarial brasileira também manteve, ao longo de toda a década de 1960, estreito vínculo com o capital estrangeiro, numa "relação íntima" com os interesses dos executivos norte-americanos. A afirmação é da historiadora Martina Spohr, coordenadora da área de Documentação do Centro de Pesquisa e Documentação de História Contemporânea do Brasil da Fundação Getúlio Vargas (CPDOC/FGV) e estudiosa do regime ditatorial que vigorou no Brasil até 1985.

Como muitos pesquisadores que se debruçam sobre o período, Martina concebe o golpe como classista e empresarial-militar. No mestrado, *Páginas golpistas: anticomunismo e democracia no projeto editorial do IPES (1961-1964)*, concluído em 2010 pela Universidade Federal Fluminense (UFF), Martina esmiuçou o projeto editorial do Ipês.

No doutorado, realizado na Universidade Federal do Rio de Janeiro (UFRJ), com uma bolsa-sanduíche na Brown University, nos Estados Unidos, Martina aprofundou a pesquisa sobre os civis que fizeram o regime militar. Por conta de seu trabalho na chefia do setor de Documentação do CPDOC/FGV, começou a colecionar indícios de que muitos dos empresários brasileiros que atuaram com destaque na conspiração pré-64 também buscavam criar uma espécie de rede empresarial anticomunista com fortes laços em todo o continente.

Um desses homens de negócios era o paulista Paulo Ayres Filho, empresário da indústria farmacêutica. Seu acervo particular — que reúne cartas, recortes de jornal, papéis importantes e cópias de grande parte da documentação do extinto Ipês-SP — foi doado, pelos herdeiros, ao CPDOC/FGV, que tradicionalmente trabalha com a organização e a preservação de arquivos particulares da elite brasileira. Esse material, tratado por Martina, faz parte do rol de fontes primárias que compõem a pesquisa provisoriamente intitulada "Elite orgânica transnacional: a rede de relações político-empresarial anticomunista entre Brasil e Estados Unidos (1961-1968)".

"Trabalho com a existência de uma elite orgânica transnacional, que não estava só no Brasil e tinha seus braços internacionais. Personagens importantes do empresariado latino-americano estavam de alguma maneira envolvidos com norte-americanos", afirma Martina, explicando que foi a partir de Paulo Ayres Filho, anticomunista ferrenho e um dos fundadores do Ipês, que pôde começar a mapear essa rede.

A atenção da pesquisadora foi particularmente atraída por uma série de correspondências "de cunho bastante pessoal, chegando mesmo a ser íntimo", entre Ayres Filho e David Rockefeller, multimilionário e magnata do petróleo. David e seu irmão Nelson (vice-presidente dos EUA de 1974 a 1977) eram dois dos maiores entusiastas da Aliança para o Progresso, projeto político que sintetizava os interesses dessa "elite orgânica transnacional": um programa anticomunista de integração regional levado a cabo pelos EUA no auge da Guerra Fria para lutar contra o que seus defensores chamavam de "cubanização" do continente.

Paulo Ayres Filho teve atuação destacada em um importante episódio que evidenciava o elo entre os altos capitalistas do continente. Em 1963, evento sediado em Nova York proporcionou um encontro informal de empresários das Américas congregando 67 homens de negócios de 11 países do continente. Na ocasião, cinco executivos brasileiros — quase todos importantes lideranças do Ipês — puderam estabelecer contato com os altos escalões da política e da economia dos Estados Unidos. Paulo Ayres Filho[2] foi um deles.

---

2   A pesquisadora Martina Sphor, desenvolvendo o tema "O empresariado e as relações Brasil-Estados Unidos no caminho do golpe de 1964", reconstrói um conjunto de informantes que forneciam dados retransmitidos "tanto para o Departamento de Estado norte-americano quanto para outras agências civis e militares". "A participação de Paulo Ayres Filho e sua relação com Lincoln Gordon, embaixador norte--americano no Brasil entre 1961 e 1966, é confirmada através de entrevista realizada por Langguth (1978): "Quando solicitaram que sugerisse um delegado brasileiro para uma conferência transnacional, Gordon lembrou-se do amigo Paulo Ayres Filho, e ele e Ayres tiveram uma agradável reunião em Washington. Agora, de volta ao Brasil como embaixador, Gordon procurou Ayres e veio travar relações com os seus amigos do mundo dos negócios de São Paulo. Em breve, Ayres descreveu para Gor-

E o principal, diga-se: foi escolhido porta-voz do grupo de latino-americanos para encontrar pessoalmente o presidente John F. Kennedy (1917-1963).

Não por acaso, um dos temas preferidos pelos norte--americanos no encontro foi justamente a discussão da Aliança para o Progresso. Na documentação analisada, Martina Spohr pôde constatar que os empresários dos EUA tinham grande interesse em tornar o projeto conhecido (de maneira positiva, obviamente) no Brasil. Por outro lado, os brasileiros aproveitaram o ensejo para criticar certos aspectos da política externa econômica dos Estados Unidos que prejudicavam seus interesses comerciais.

Além disso, em entrevistas concedidas a jornais após a volta para o Brasil, também é possível perceber "uma certa militância política dos empresários brasileiros". Uma tentativa, conforme explica Martina, de "conscientizar" a elite econômica brasileira, que se sentia "ameaçada" pelo contexto político do país. "Eles estavam chamando o empresariado a participar do processo. E os norte-americanos incentivavam esse tipo de discurso", afirma a historiadora.

A pesquisa desenvolvida por Martina, entretanto, não fica restrita à atuação dos empresários brasileiros na conspiração que culminou com a derrubada de João Goulart. Até 1968 — ano que marca a radicalização da ditadura brasileira com a edição do AI-5 —, Paulo Ayres Filho recorren-

---

don uma organização política que estava patrocinando, com o nome canhestro, mas inócuo, de Instituto de Pesquisa e Estudos Sociais (Ipês)". In: *Confluenze. Rivista di Studi Iberoamericani.* Vol. 4, n.º 2, 2012, p. 59. Disponível em: <http://confluenze. unibo.it/article/viewFile/3428/2785>. Acesso em: 8 dez. 2015.

temente viajaria aos EUA para palestrar nas principais universidades do país, "com o objetivo de trazer algum tipo de legitimidade para o novo governo do Brasil".

Apesar do apoio norte-americano, parcelas do establishment internacional estavam questionando o regime brasileiro pelo rompimento institucional e inconstitucional que representou o golpe de 64 e a tomada do poder pela força. "Havia uma busca desse empresariado para tentar justificar a 'revolução'. E não só nos EUA; eles também foram para países como Alemanha e França", assinala Martina Spohr.

Inconstitucional, ilegal e injustificável

Felipe Amorim / Rodolfo Machado

"Fosse João Goulart bom ou mau político, esquerdista ou direitista, eficiente ou ineficiente, ele era o presidente constitucional do Brasil." O diagnóstico é da Comissão Internacional de Juristas (CIJ), que, em seu boletim periódico de setembro de 1964, denunciou o movimento civil-militar que depusera Jango cinco meses antes como um "golpe de Estado" e, portanto, "inconstitucional, ilegal e injustificável". O pronunciamento da ONG, criada em 1952 por renomados juristas do mundo todo, é relevante por representar uma das primeiras manifestações públicas de repúdio à ruptura da ordem constitucional no Brasil. Para o regime militar, notadamente preocupado em garantir sua imagem de governo legítimo na opinião pública — nacional e internacional —, a publicação do boletim trouxe preocupação: o Itamaraty imediatamente reagiu, dizendo que a CIJ estava "muito mal-informada".

"O presidente da República [marechal Humberto de Alencar Castello Branco] e eu ficamos surpreendidos, como todo mundo, diante dessas críticas", disse o então chanceler brasileiro, Vasco Leitão da Cunha, segundo reportagem do jornal *O Estado de S. Paulo* repercutindo o boletim da CIJ, publicada no dia 9 de setembro de 1964. O chefe do Ministério das Relações Exteriores diz ainda que o governo dava importância às críticas, "por ser a CIJ um organismo a que comumente se recorre para o trato de questões transcendentais do Direito Internacional".

Ao voltar-se para analisar o processo que culminou no golpe de 1964, a CIJ indaga se "os militares, sob o pretexto de salvar o país, tinham o direito de derrubar um governo constitucional utilizando-se de meios inconstitucionais". A reposta, segundo os juristas internacionais, foi "não".

No parecer, a comissão dá destacada atenção à cronologia dos eventos. Na interpretação dos juristas, o Exército não deu chances para que o Congresso Nacional se pronunciasse a respeito das Reformas de Base, principal bandeira de João Goulart antes de ser deposto. "Eles tinham medo de que o Congresso pudesse aceitá-las", escreve a CIJ, argumentando que os militares tomaram para si o papel do Legislativo. Se os parlamentares, democraticamente eleitos, tivessem aprovado o conjunto de mudanças que o presidente defendia, a deposição do chefe de Estado seria "ainda mais indefensável". Dessa forma, concluem os juristas, não passa de um "evidente vazio" o discurso dos golpistas de que, ao depor Jango, estavam apenas protegendo a Constituição.

O boletim nº 20 da CIJ ainda vai além ao analisar especificamente o conteúdo das Reformas de Base, projeto de Jango para promover mudanças nos sistemas político, tributário, bancário, fiscal, urbano, administrativo, agrário e universitário — com o objetivo de produzir avanços sociais e reduzir a desigualdade do país. "Essas reformas certamente parecem, a não ser que haja algum sinistro significado oculto, estar inteiramente de acordo com a Declaração Universal dos Direitos Humanos" (CIJ, 1964, p. 2). Além disso, os juristas lembram que o próprio presidente dos Estados Unidos já havia manifestado aprovação em relação à extensão das reformas: "Seria mais do que um pouco incongruente rotular de 'comunista' um programa que obteve a aprovação do presidente Kennedy" (CIJ, 1964, p. 2).

Ao concluir o texto e expressar "preocupação" com os novos rumos do país, a CIJ assinala que algumas das ações do governo brasileiro já forneceriam indícios do que estaria por vir. "Aproximadamente 40 parlamentares foram cassados, a censura à imprensa foi estabelecida, cerca de 8 mil pessoas foram presas e a maioria dos opositores políticos que poderiam despontar em eleições futuras foi privada de seus direitos políticos."

CIJ: longa tradição de defesa do Estado de Direito

Formada por dezenas de juristas de renome de diversas nacionalidades, a CIJ tem sede em Genebra e se autodefine como "promotora e protetora dos direitos humanos através do Estado de Direito". Utilizando-se de sua "expertise legal", a comissão se propõe a "desenvolver e fortalecer sistemas jurídicos nacionais e internacionais".

Fundada em 1952 em plena Guerra Fria, após um congresso internacional de juristas na Berlim Ocidental, a CIJ destaca-se, primeiramente, na apuração de violações humanitárias cometidas na "Zona Soviética" da Alemanha pós-Segunda Guerra. Por esse papel, um de seus membros mais antigos, o advogado alemão Walter Linse (1903-1953), foi sequestrado por espiões da Alemanha Oriental e entregue à KGB (Comitê de Segurança do Estado, na sigla, em russo, que representa a principal organização de serviços secretos da URSS) apenas duas semanas antes da realização de um congresso — numa aparente tentativa de intimidar os participantes. Apesar da pressão internacional, Linse foi executado em 1953 em Moscou pelo crime de "espionagem".

Posteriormente, a CIJ passa a concentrar seus esforços na denúncia de graves violações aos direitos humanos cometidas em diversos regimes de exceção, como o apartheid sul-africano e o terrorismo de Estado da ditadura franquista na Espanha, entre outros. Foram os juristas da CIJ que, ainda em setembro de 1973, organizaram a primeira missão a ser enviada ao Chile com o objetivo de verificar graves violações aos direitos humanos, após o golpe militar que depôs o presidente Salvador Allende, em 11 de setembro. Também foi a primeira a expor as atrocidades cometidas sob a batuta de Idi Amin (1920-2003), em 1977, em Uganda.

O interesse da CIJ pela realidade brasileira data de antes do golpe civil-militar. Já em 1962, realizou no Rio de

À ESPERA DA VERDADE 227

Janeiro uma reunião internacional de seus integrantes. Além disso, o corpo de membros honorários e de comissários compõe-se de importantes juristas brasileiros, todos considerados "inimigos de Estado" pela ditadura militar que reinou de 1964 a 1985: Dalmo de Abreu Dallari, Belisário dos Santos Júnior e Heleno Fragoso. Os três tiveram papel destacado durante o regime ditatorial na luta pelos direitos humanos, sobretudo na defesa de presos políticos. Fragoso seria aprisionado e Dallari, sequestrado por elementos do Comando de Caça aos Comunistas (CCC).

Não foi apenas em 1964 que a CIJ externou seu descontentamento com a situação humanitária, política e jurídica no Brasil. Em 1966, reiterou a impossibilidade de um Sistema Interamericano de Direitos Humanos sem o genuíno exercício da democracia fundada no sufrágio universal, destacando que "os eventos políticos ocorridos na República do Brasil são incompatíveis com os princípios básicos da Carta da OEA (Organização dos Estados Americanos)" (CIJ, 1966, p. 19).

Em 1968, a CIJ foi mais enérgica ao condenar a aprovação do AI-5, ressaltando a "audácia de um grupo de oficiais do Exército que presume decidir o destino de aproximadamente 90 milhões de pessoas, privando-as de leis protetivas e efetuando prisões em larga escala de pessoas de todas as idades e modos de vida. (...) Os eventos no Brasil, como 1968 sinalizou, serão recordados como uma das mais graves afrontas ao Ano Internacional da ONU para os Direitos Humanos" (CIJ, 1968, p. 15).

Sabe-se que a publicação dos boletins da CIJ desagradou os comandantes do regime militar e seus aliados empresariais, patrocinadores do golpe. Preocupada com a imagem dos conspiradores no exterior, a ditadura dava destacada importância à legitimidade que seu governo tinha perante a opinião pública nacional e, especialmente, internacional.

Desde o primeiro Ato Institucional, em abril de 1964, a ditadura procurou conferir roupagem institucional ao golpe, tentando apresentar sua imagem como a de um governo de Direito. Porém, com a avalanche de denúncias contra o Estado brasileiro, especialmente após o AI-5, a CIJ, em outro boletim, criticou a campanha do governo Médici de "restaurar a imagem pública do Brasil no estrangeiro" que visava, apenas, "refutar as alegações de tortura feitas contra as forças oficiais e 'não-oficiais' da repressão que, no presente, encontram-se livres para reinar no Brasil".

Para a missão de propaganda oficial da ditadura na Europa, o governo escalaria o ministro da Justiça, Alfredo Buzaid, responsável por preparar o chamado "Livro da Verdade" — peça de defesa da ditadura, que nunca foi publicada, mas acabou descoberta em 1998. Buzaid foi quem rejeitou os pedidos de investigação encaminhados por Sean MacBride (1904-1988), representante da Comissão de Direitos Humanos da OEA, impedindo que fossem esclarecidas as supostas violações humanitárias relatadas em comunicações transmitidas pela organização.

MacBride, cujo pai fora assassinado pelos ingleses e que na juventude integrara as fileiras do Irish Republican

À ESPERA DA VERDADE

Army (IRA), foi secretário-geral da CIJ entre 1963 e 1971, destacando-se também como membro da OEA no enfrentamento à propaganda de Buzaid e da ditadura brasileira. Em 1974, o eminente jurista irlandês seria laureado com o Prêmio Nobel da Paz, graças a sua intransigente atuação em defesa dos direitos humanos.

Reação do Ipês

Para além dos militares brasileiros, o pronunciamento dos juristas internacionais também trouxe desassossego aos setores empresariais que estiveram engajados na conspiração pré-64. Documento obtido pelo nosso grupo de pesquisa mostra que membros do Ipês tentaram convencer a CIJ de que suas impressões estavam equivocadas. Afinal, a declaração da CIJ — classificando o golpe de "inconstitucional, ilegal e injustificável" — incomodara fortemente os patrocinadores do novo governo.

O Ipês enviou à sede da comissão, na Suíça, o artigo publicado na revista norte-americana *Fortune* em tom elogioso à chamada "Revolução". Além disso, mandou também um "embaixador" para tentar convencer a CIJ a mudar de posição.

Uma carta que consta no arquivo do CPDOC/FGV mostra que José Roberto Whitaker Penteado — um dos diretores do Ipês, empresário do ramo de relações públicas e criador em 1968 da Assessoria Especial de Relações Públicas da Presidência da República (Aerp), órgão que cuidava do setor de comunicação e propaganda governamental — pediu ao filho, que à época morava em Genebra, que visitasse pessoalmente a sede da CIJ e entregasse "ao diretor ou à pessoa de mais graduação com quem entrar em contato" um pacote com documentos.

"Apresente-se, naturalmente, como meu filho, sabendo que seu pai está perfeitamente integrado na luta democrática que se trava em nosso país", explica o ipesiano na carta datada de 9 de setembro de 1964 e cedida pelo CPDOC da FGV, que localizou o documento em seu Acervo Paulo Ayres Filho, responsável por reunir também outros relatórios importantes do instituto no período. No rodapé da carta, enviada com cópia para o próprio Paulo Ayres Filho e também para o presidente do Ipês paulista, a assinatura: "Papai".

Para responder às acusações da CIJ, a ferramenta utilizada pelo Ipês foi o já citado artigo "Quando executivos viraram revolucionários — Uma história ainda não contada: como os empresários de São Paulo conspiraram para derrubar o governo infectado de comunistas do Brasil". Ao enviá-la à CIJ, o objetivo do Ipês era usar a reportagem norte-americana como uma espécie de panfleto e convencer os juristas de que estavam equivocados.

O "embaixador" dos empresários paulistas articulados com a ditadura civil-militar era José Roberto Whitaker Penteado Júnior, jornalista, presidente da Escola Superior de Propaganda e Marketing (ESPM) e filho do ipesiano. Em entrevista, Penteado Júnior leu a carta endereçada a ele e confirmou a tarefa: "Coisa que fiz, sem dúvida nenhuma". Quanto aos pormenores da visita à sede da CIJ feita há 50 anos, o então jovem jornalista — que também afirma que não compartilhava das posições políticas do pai — tem convicção de que entregou o pacote de documentos, mas diz não ter debatido o assunto com os juristas: "Fui, entreguei e acabou aí", lembra.

José Roberto Whitaker Penteado Júnior explicou que morava em Genebra desde 1962, quando começou a trabalhar em um banco suíço. Em 1964, enquanto seu pai estava engajado com a ditadura civil-militar, ele então com 23 anos de idade, transferiu-se para um emprego na IBM ao mesmo tempo em que se ocupava com os preparativos de seu casamento com uma moça alemã que havia conhecido. "Querido filho, tenho uma missão bastante importante para você, embora saiba que você deva estar com a cabeça cheia devido ao seu casamento", desculpa-se o pai ao iniciar a carta.

"Eu sei que meu pai apoiava [o golpe]. E sei que eu, como pessoa, era contra", frisa. Antes de chegar à Europa, Penteado Júnior havia passado alguns anos trabalhando e morando nos Estados Unidos. Na época, no auge da Guerra Fria e com o início das hostilidades contra o líder cubano Fidel Castro, o jornalista fez parte de uma organização pró-governo cubano chamada Fair Play For Cuba Committee, que, em Nova York, congregava nomes de peso como Truman Capote (1924-1984), Jean-Paul Sartre (1905-1980) e Allen Ginsberg (1926-1997).

Crítico ao governo dos Estados Unidos, Penteado Júnior, que à época de sua estadia em Nova York identificava-se como "totalmente da esquerda socialista", aproximou-se de dois importantes nomes do esquerdismo norte-americano, o economista Paul Sweezy (1910-2004) e o jornalista e autor de *História da riqueza do homem*, Leo Huberman (1903-1968), criadores de uma publicação independente chamada *Montlhy Review* — em circulação até hoje.

Em função da afinidade de ideias, o jovem jornalista foi convidado a escrever um artigo em inglês para o periódico, explicando o intrincado cenário político brasileiro no governo Jânio Quadros, que estampara, pouco antes, a capa da revista norte-americana *Time*. Enquanto reunia material para produzir o texto, veio a surpresa da renúncia do presidente, em agosto de 1961. "Derrubou a minha matéria. Não escrevi e nunca foi publicada", lamenta Penteado Júnior, falando, com descontração, sobre a "frustação jornalística" de seus tempos de esquerdismo. Anos depois, já na Europa, "mudaria" de lado ao visitar em 1963 Hungria e Tchecoslováquia e "ver de perto o outro lado da cortina de ferro".

Secreto: relatórios revelados pelo Wikileaks

Rodolfo Machado / Dodô Calixto

A embaixada dos Estados Unidos em Brasília alertou Washington sobre casos de "tortura brutal" e mortes no prédio do Destacamento de Operações de Informações - Centro de Operações de Defesa Interna (DOI-Codi) durante a ditadura militar brasileira, apontam documentos vazados pelo site Wikileaks.

Os relatórios revelam que o governo norte-americano acompanhava de perto o desenrolar das manifestações de trabalhadores contra mortes de presos políticos. Elaborado em janeiro de 1976, um dos documentos mostra que Washington foi notificado sobre protestos do Sindicato dos Metalúrgicos de SP após a morte de Manoel Fiel Filho (1927-1976), operário torturado nas dependências do DOI-Codi.

"O Sindicato dos Metalúrgicos agendou uma manifestação para lembrar o sétimo dia da morte de Manoel Fiel nas mãos do DOI-Codi", diz o documento classificado como "confidencial". No mesmo relatório, o nome do jornalista Vladimir Herzog (1937-1975), assassinado poucos meses antes nas dependências do DOI-Codi, é citado como referência do local onde aconteceria a manifestação dos trabalhadores metalúrgicos. "O ato será realizado às 9h na Igreja do Carmo, localizada a algumas centenas de metros da Catedral onde, incidentalmente, foi realizado o ato ecumênico pela morte de Herzog", disse na ocasião a embaixada norte-americana.

Com o título de "Tortura e Morte em São Paulo", um relatório anterior, datado de setembro 1975, aponta a ocorrência de diversos casos de tortura brutal em investigações do Exército e da Polícia Militar de SP sobre "infiltrações comunistas". "Um dos interrogatórios de prisioneiros acabou em fatalidade, com a morte de um oficial de 60 anos já aposentado", descreve o documento.

Ex-governador diz que não conhecia Herzog

Em depoimento na Câmara Municipal de São Paulo de 26 de novembro de 2013, o ex-governador Paulo Egydio Martins afirmou que não sabia quem era o jornalista Vladimir Herzog quando foi informado de sua morte, em 25 de outubro de 1975.

"Fui informado da morte pelo meu secretário de segurança, [o coronel] Erasmo Dias [1924-2010], por telefone. Eu fiquei estatelado. Foi a primeira vez que ouvi falar no nome Herzog. Não sabia quem era Herzog", relembrou o ex-governador, então com 85 anos de idade. "Vocês entenderão: o jornal informativo da noite da TV Cultura se tivesse

0,001% de audiência, seria um sucesso. Eu pedi que, através do Erasmo, fosse feita uma pesquisa sobre o que constava no SNI [Serviço Nacional de Informações], no Exército, na Marinha e na Aeronáutica sobre o senhor Vladimir Herzog. A resposta oficial: não constava nada", completou Paulo Egydio, na sessão da Comissão Municipal da Verdade.

"Veio do II Exército a explicação: cabe ao Exército tratar da segurança nacional e ele representa uma ameaça à segurança nacional. Pedi que alguém me explicasse como ele poderia pôr em perigo a segurança nacional. Nunca tive resposta. Não entra na minha cabeça que o Herzog fosse um perigo à segurança nacional. Quem acreditar que o Herzog, comandando um jornal sem audiência, era uma ameaça à segurança nacional é ingênuo ou está de má fé", disse também.

De acordo com Paulo Egydio, a morte de Herzog foi uma tentativa de criar um atrito para desestabilizar o governo de Ernesto Geisel (1974-1979), amigo pessoal do governador. "O objetivo de alguns militares, como o general Sylvio Frota [1910-1996], era tirar o Geisel da Presidência da República."

O ex-governador de São Paulo também assumiu toda a responsabilidade pela invasão da Pontifícia Universidade Católica de São Paulo (PUC) em 22 de setembro de 1977. "A invasão da PUC foi uma ordem minha, não foi iniciativa do Erasmo Dias. Deixei a reunião da União Nacional dos Estudantes (UNE) acontecer, mesmo com ordens contrárias do Geisel. Só pedi para prender os estudantes quando eles começaram a agredir a polícia com pedras."

Questionado sobre os motivos que o levaram a deixar a política, Martins disse que um dos principais foi a disputa com o também ex-governador Paulo Maluf. "Ou eu seguia os métodos dele ou parava de fazer política."

No livro *Paulo Egydio conta* (Imprensa Oficial, 2007), o ex-governador também relata que deixou de se relacionar com Geisel nos anos 1980, quando o já ex-presidente encontrou-se com Maluf sem avisá-lo. "Não fui no velório dele", disse o ex-governador sobre a morte de Geisel, em 1996.

Na parte final da sessão na Câmara, Martins preferiu não responder algumas perguntas relacionadas a Maluf, de quem disse não ser amigo "por questões pessoais".

Operação Condor: brasileiros processados na Itália

Janaina Cesar / Felipe Amorim

A Procuradoria de Roma apresentou denúncia formal para que os brasileiros João Osvaldo Leivas Job, Carlos Alberto Ponzi, Átila Rohrsetzer e Marco Aurélio da Silva Reis sejam julgados criminalmente pelo sequestro e assassinato do cidadão ítalo-argentino Lorenzo Ismael Viñas Gigli, desaparecido em 26 de junho de 1980, vítima da Operação Condor, rede de repressão política e troca de prisioneiros formada pelos serviços de inteligência das ditaduras do Cone Sul: Argentina, Bolívia, Brasil, Chile, Paraguai e Uruguai.

Caso a Justiça italiana aceite o pedido, os quatro denunciados, que mantêm residência no Brasil, serão incluídos na lista de 33 réus do processo e poderão ser condenados a prisão perpétua na Itália. Para cada um dos brasileiros foi designado um defensor público italiano, os quais, por sua vez, têm 20 dias para apresentar a defesa preliminar dos ex-agentes brasileiros, três militares e um da polícia civil. Caberá ao juiz Alessandro Arturi, do Tribunal de Roma, decidir se aceita a denúncia — todos os pedidos feitos pela Procuradoria italiana para incluir réus no processo foram confirmados pelo magistrado.

Para Giancarlo Capaldo, procurador responsável pelo caso, a participação brasileira na rede repressiva sul-americana é clara. "O Brasil foi parte operativa do Plano Condor, tendo exercido papel importante na atuação repressiva e punitiva contra os movimentos que se opunham aos regimes militares da América do Sul. Não é possível que as autoridades brasileiras não fossem cúmplices do que estava acontecendo", afirma o procurador italiano.

Para o advogado e ex-coordenador da CNV, Pedro Dallari, a denúncia dos brasileiros na Justiça italiana "é um elemento a mais para que a verdade emerja". "Por um lado é um dado positivo, por outro, não deixa de ser irônico que um país que não seja o Brasil esteja fazendo aquilo que nós deveríamos estar fazendo", afirma Dallari, acrescentando que a iniciativa italiana pode ter um aspecto positivo de "incentivar" a Justiça brasileira a agir. Mas ressalva: "É uma triste notoriedade, que, entre os países do Cone Sul, só não haja militares julgados e condenados no Brasil".

Nosso grupo de pesquisa obteve acesso à notificação enviada aos advogados em que constam as denúncias do Ministério Público italiano contra os quatro brasileiros. Eles são acusados de terem participado da prisão, tortura e assassinato de várias pessoas e, em particular, do cidadão italiano Lorenzo Ismael Vinãs Gigli:

São acusados por terem praticado ações com intenções criminais, tendentes a pôr em perigo a segurança de um número indeterminado de pessoas, até mesmo pelo simples fato de serem suspeitos de militarem no Montoneros ou de serem parentes e amigos de quem militava no movimento. Por terem prendido ilegalmente um número indeterminado de pessoas por suas supostas ligações com a organização política acima mencionada, por tê-los submetido a tortura para extrair informações e por terem participado da morte de muitos deles, especialmente, dos cidadãos italianos Horácio Domingo Campiglia Pedamonti e Lorenzo Ismael Vinãs Gigli.

De acordo com a denúncia da Procuradoria italiana, na data em que Vinãs foi sequestrado, Leivas Job era secretário de Segurança do Rio Grande do Sul; Ponzi chefiava a agência do Serviço Nacional de Informações (SNI) em Porto Alegre; Rohrsetzer era diretor da Divisão Central de Informações do Rio Grande do Sul; e Silva Reis, delegado de polícia, cobria o cargo de diretor do Departamentos de Ordem Política e Social (Dops) do Rio Grande do Sul.

Desde 2007, Leivas Job, Ponzi, Rohrsetzer e Silva Reis já estão na lista dos investigados pelo procurador Capaldo — além de outros nove brasileiros, entre os quais estavam os dois últimos presidentes do período militar, Ernesto Geisel e João Baptista Figueiredo. Quando o processo foi aceito pela Justiça Italiana em dezembro daquele ano, a juíza responsável pelo caso emitiu ordens de prisão preventiva contra 146 pessoas, incluindo os quatro brasileiros. Por meio de carta rogatória enviada pelo Superior Tribunal de Justiça (STJ) em 2011,[3] os quatro denunciados defendiam-se da notificação judicial: Leivas Job, além de "insurgir-se contra o fato" de o documento italiano não ter sido traduzido por professional juramentado, afirmou ser "inepta" a denúncia, alegando "ilegitimidade passiva" e invocando a Lei de Anistia brasileira; Ponzi afirmou que não era o chefe da agência do SNI em Porto Alegre na data indicada; Rohrsetzer declarou que "não se submete à jurisdição italiana, por entender absurdas as acusações"; e, sobre Silva Reis, não consta manifestação no documento.

Desaparecido no caminho para o exílio

Lorenzo Vinãs foi sequestrado no dia 26 de junho de 1980, entre os munícipios de Paso De Los Livres e Uruguaiana, fronteira entre Argentina e Brasil, e jamais foi visto novamente. Por conta da militância nos Montoneros, guerrilha que fazia resistência à ditadura argentina, Viñas já havia sido preso em 1974. No exílio, foi para o México em 1975, com sua esposa Claudia Olga Allegrini; e em 1977, para o Brasil. Em 1979, retornou à Argentina, onde nasceu sua filha, Maria Paula. Por conta das perseguições políticas, o casal decidiu viver na Itália. Assim, em junho de 1980, Viñas embarcou em um ônibus em Buenos Aires com destino ao Rio de Janeiro — sua esposa Claudia faria o mesmo percurso um mês de depois e, juntos, pegariam um voo para a Itália. No entanto,

---

3   A íntegra deste documento pode ser lida em http://operamundi.uol.com.br/conteudo/noticias/40124/procurador+italiano+pede+condenacao+de+quatro+brasileiros+por+crimes+da+operacao+condor.shtml.

Lorenzo Viñas não completou o percurso e desapareceu na fronteira entre a Argentina e o Brasil.

Para Giancarlo Maniga, advogado de defesa que representa sua mulher Claudia Olga Ramona Allegrini e sua filha, María Paula, "é mais do que justo que os brasileiros também sejam processados. Eles participaram do sequestro e, em decorrência, do assassinato de Viñas", diz. A família segue as audiências do caso em Buenos Aires, onde vive. Segundo Maniga, o processo trará justiça a Viñas e às outras vítimas do terrorismo de estado que deixaram seus familiares e desapareceram. "Estes julgamentos são importantes porque além de serem atos de memória, estimulam os países afetados a lutarem por justiça", diz.

Para a jurista brasileira Flávia Piovesan a denúncia apresentada na Itália deve ser encarada pelo Estado brasileiro como um "convite", incentivando as instituições brasileiras a investigar, processar, julgar e condenar os responsáveis por violações aos direitos humanos durante o regime de exceção. «Creio que esse caso vai dinamizar, atuar como uma força catalisadora a essa agenda ainda incompleta, inacabada, referente à justiça de transição do caso brasileiro», afirma a professora de direito da PUC--SP, procuradora do estado de São Paulo e especialista em direitos humanos e justiça de transição.

Flávia Piovesan elogiou a inclusão de brasileiros no processo que tramita na Justiça italiana. "O que é moral e juridicamente inaceitável é a impunidade e a indiferença com relação a crimes de lesa-humanidade", afirmou Piovesan.

A jurista, que colaborou com a produção do relatório final da CNV, especialmente fornecendo embasamento jurídico para que o órgão recomendasse a responsabilização dos violadores de direitos humanos, explicou quais são os dispositivos jurídicos que legitimam a iniciativa italiana e falou sobre os impactos que o julgamento pode ter na sociedade brasileira. Piovesan também antecipou um eventual debate jurídico, a ser decidido futuramente pelo Supremo Tribunal Federal (STF), entre a proibição constitucional de extradição de cidadãos brasileiros natos e a ratificação de um tratado internacional que obriga os Estados a processar e punir perpetradores de tortura e crimes de lesa-humanidade.

Desde agosto de 2005, o Estado brasileiro, através da Comissão Especial de Mortos e Desaparecidos Políticos (CEMDP), reconhece a responsabilidade sobre o caso de Lorenzo Viñas, tendo indenizado a família pelo desaparecimento forçado do ítalo-argentino.

Em dezembro de 2014, o relatório final da CNV diz que, "diante das investigações realizadas", Lorenzo Viñas desapareceu "em contexto de sistemáticas violações aos direitos humanos".

"Recomenda-se a continuidade da cooperação entre Brasil e Argentina para o esclarecimento da prisão ilegal e do desaparecimento de Lorenzo Viñas, assim como a continuidade das investigações sobre as circunstâncias do caso, para a identificação e responsabilização dos demais agentes envolvidos", aponta o documento final da comissão, que também concluiu que a Operação Condor fez uso sistemático de esquadrões da morte e sindicatos do crime, em "clara situação de terrorismo de Estado".

O que concluiu a CNV sobre os quatro acusados

Abaixo, leia o que o relatório final da CNV concluiu sobre os quatro brasileiros denunciados na Itália por participação na Operação Condor. Os quatro ex-agentes da repressão — três militares e um da polícia civil — são citados como responsáveis por graves violações de direitos humanos cometidos no regime de exceção:

JOÃO OSWALDO LEIVAS JOB (1927-)

Na lista da CNV dos agentes da ditadura a serem responsabilizados pelos crimes, João Oswaldo Leivas Job está apontado como responsável pela "gestão de estruturas e condução de procedimentos destinados à prática de graves violações de direitos humanos":

> Coronel do Exército. Agente da Divisão Central de Informações da Secretaria de Segurança do Rio Grande do Sul no início da década de 1970. Chefe do Destacamento de Operações de Informações – Centro de Operações de Defesa Interna (DOI-CODI) do I Exército em 1974 e 1975. Secretário de Segurança Pública do estado do Rio Grande do Sul de 1979 a 1982. Teve participação no sequestro dos cidadãos uruguaios Universindo Rodríguez Díaz e Lilián Celiberti, em 1978 (BRASIL, 2014d, p. 866).

CARLOS ALBERTO PONZI (1925-)

Na lista da CNV dos agentes da ditadura a serem investigados pelos crimes, Carlos Alberto Ponzi está apontado como responsável pela "gestão de estruturas e condução de procedimentos destinados à prática de graves violações de direitos humanos":

> Coronel do Exército. Serviu em 1971 na área de informações da 6ª Região Militar, tendo participado da Operação Pajussara. Chefiou a agência do SNI em Porto Alegre no final da década de 1970 e início da de 1980. Em 2007, foi denunciado pelo procurador de Justiça italiano Giancarlo Capaldo como um dos responsáveis pelo sequestro e desaparecimento do cidadão argentino Lorenzo Ismael Viñas, ocorrido em Uruguaiana (RS), em junho de 1980. [vol. 1, parte IV, capítulo 16, p. 860]

ÁTILA ROHRSETZER (1931-)

Na lista da CNV dos agentes da ditadura a serem responsabilizados pelos crimes, Átila Rohrsetzer está apontado como "autor direto de condutas que ocasionaram graves violações de direitos humanos":

> Coronel do Exército. Chefiou o serviço de informações do comando do III Exército desde sua criação, em 1967, até 1969. Em 1970 e 1971, chefiou a Divisão Central de Informações (DCI), órgão com funções equivalentes aos Destacamento de Operações de Informações – Centro de Operações de Defesa Interna (DOI-CODI), que atuava em parceria com as áreas de segurança

À ESPERA DA VERDADE

e informações do III Exército, sendo, porém, formalmente subordinado à Secretaria de Segurança Pública do estado do Rio Grande do Sul. Organizou o DOI-CODI do III Exército em 1974 e 1975, sob a chefia do coronel João Oswaldo Leivas Job, primeiro chefe desse destacamento. Recebeu a Medalha do Pacificador com Palma em 1971. Foi um dos mentores do "Dopinha" – local clandestino de tortura instalado no centro de Porto Alegre. Em 1967 foi denunciado na comissão parlamentar de inquérito da Assembleia Legislativa do estado do Rio Grande do Sul que investigou o "caso do sargento das mãos amarradas". Está na lista dos 13 agentes do Estado brasileiro citados pelo procurador Giancarlo Capaldo, responsáveis pelo desaparecimento forçado dos ítalo-argentinos Horacio Domingo Campiglia Pedamonti (1980), no Rio de Janeiro, e Lorenzo Ismael Viñas Gigli (1980), na fronteira de Paso de los Libres (Argentina) e Uruguaiana (Brasil). Teve participação em casos de sequestro, tortura e execução. Vítimas relacionadas: Manoel Raimundo Soares (1966); Antônio Pinheiro Salles, João Carlos Bona Garcia e Gustavo Buarque Schiller (1970); Lilián Celiberti e Universindo Rodríguez Díaz (1978); Horacio Domingo Campiglia Pedamonti e Lorenzo Ismael Viñas Gigli (1980). [vol. 1, parte IV, capítulo 16, p. 873]

MARCO AURÉLIO DA SILVA REIS

Na lista da CNV dos agentes da ditadura a serem responsabilizados pelos crimes, Marco Aurélio da Silva Reis está apontado como "autor direto de condutas que ocasionaram graves violações de direitos humanos":

> Delegado de polícia. Serviu no Departamento de Ordem Política e Social do Rio Grande do Sul (DOPS/RS). Teve participação em caso de prisão ilegal e tortura. Vítimas relacionadas: Antônio Pinheiro Salles (1970), Lilián Celiberti, Universindo Rodriguez Díaz (1978). [vol. 1, parte IV, capítulo 16, p. 913]

O uruguaio da Condor responsável pelo desaparecimento de europeus

As investigações sobre a Operação Condor na Itália já duram 15 anos e tiveram início após denúncias apresentadas pelos familiares dos italianos desaparecidos na América do Sul. Os autos do processo se estendem por mais de 170 mil páginas, entre depoimentos tomados e documentos recolhidos em arquivos secretos dos países do Cone Sul. Das 146 pessoas indiciadas após as investigações preliminares — 61 argentinos, 32 uruguaios, 22 chilenos, 13 brasileiros, 7 bolivianos, 7 paraguaios e 4 peruanos —, apenas 33 viraram réus, sem contar os quatro brasileiros.

O ex-tenente uruguaio José Fernades Nestor Troccoli, 67 anos, é um dos 33 réus do processo que tramita na Justiça italiana e julga a responsabilidade de ex-militares no sequestro e assassinato de 25 cidadãos latino-americanos com nacionalidade italiana cometidos entre 1973 e 1980, período de atuação da famigerada Operação Condor, uma rede de repressão política e troca de prisioneiros formada pelos serviços de inteligência das ditaduras do Cone Sul: Argentina, Bolívia, Brasil, Chile, Paraguai e Uruguai.

Militar responsável pelos interrogatórios da Serviço de Inteligência da Marinha do Uruguai (Fusna), Troccoli é, entretanto, o único entre os acusados que tem chances reais de ser punido pelos crimes — a lista de réus não inclui ex--agentes da ditadura brasileira. O uruguaio fugiu da América Latina para não ser processado em seu próprio país e reside atualmente em solo italiano, onde as autoridades que julgam o processo têm jurisdição para prendê-lo e privá-lo de liberdade, caso seja efetivamente condenado pela Justiça.

Após quase 15 anos de investigação, a Justiça italiana iniciou em 2015 o julgamento em primeira instância do Processo Condor. A primeira audiência pública aconteceu em 12 de fevereiro de 2015, no Tribunal de Roma. Estiveram presentes vários parentes de vítimas do Plano Condor, representantes de associações e de partidos políticos. Nestor Troccoli, de forma inesperada, compareceu à corte.

O processo, que ainda está na fase inicial, quando são realizadas as audiências preliminares, só teve início após familiares dos mortos e desaparecidos das ditaduras latino-americanas terem conseguido se organizar e pressionar por justiça, ainda que passados muitos anos. Desta forma, foi justamente para apurar e revelar o que aconteceu nos regimes de exceção da região que as investigações começaram na Itália.

O procurador Giancarlo Capaldo, responsável pelo caso Condor, conta que o processo teve início a partir de algumas denúncias de parentes das vítimas. "Tivemos o consenso do Ministério da Justiça e começamos a investigar. Estivemos em todos os países envolvidos no Plano Condor. Vasculhamos todos os arquivos daquela época para entender o que tinha acontecido, falamos com pessoas, recolhemos depoimentos de parentes, de outras vítimas que tinham sido presas ou sequestradas, falamos com testemunhas dos crimes ocorridos, juntamos, em uma década, material suficiente para reconstruir os fatos e poder ter provas para as acusações", detalha Capaldo.

Mesmo que a fuga de muitos dos investigados e a morte de alguns ex-militares — como é o caso dos ex-presidentes brasileiros Ernesto Geisel e João Batista Figueiredo, e dos chefes chileno, Augusto Pinochet, e paraguaio, Alfredo Stroessner — tenha dificultado a efetividade do trabalho, o procurador Capaldo afirma que a Justiça tem obrigação de procurar a verdade dos fatos cometidos contra os cidadãos italianos. "É uma questão moral e de princípio, não uma opção, mas uma obrigação. É uma forma de dar paz aos que todos esses anos procuraram por justiça", sintetiza.

Especificamente contra o ex-militar uruguaio, os autos em trâmite na Justiça italiana relatam e descrevem inúmeras vítimas de Troccoli. A argentina Aida Celia San Fernandez, por exemplo, foi sequestrada em Buenos Aires na antevéspera do natal de 1977. Grávida, foi torturada com o uso de cabos elétricos e uma colher nas genitais, o que provocou o parto prematuro da filha, Mercedes Carmen Galo, que nasceu na prisão. Aida é mais uma das vítimas que integram

À ESPERA DA VERDADE

a lista de desaparecidos do continente sul-americano: foi assassinada e seu corpo jamais foi encontrado.

No mesmo dia em que Aida deu à luz, uma outra família foi sequestrada e morta em Buenos Aires. O casal Ileana Sara Maria Garcia Ramos de Rossetti e Edmundo Sabino Rossetti Techeira, ambos nascidos em Montevidéu, viviam com a pequena Soledad, de 7 meses, em um apartamento no centro da capital argentina. Eram estudantes e militavam no Grupo de Ação Unificada (GAU), a resistência sindicalista uruguaia que foi reprimida com violência pela ditadura daquele país. Ao contrário dos pais, Soledad conseguiu ser salva pelo porteiro do prédio. Assim como eles, Yolanda Iris Casco Ghelpi, Julio Cesar D'Elia Pallares, Edgardo Borelli Cattaneo e Raul Gambaro Nunez também foram levados ao centro de detenção e tortura de Banfield, uma cidade próxima a Buenos Aires. Todos são desaparecidos políticos e detinham cidadania italiana. Ao lado de seus nomes, na lista de ingresso da casa dos horrores, constava a sigla DF — deposição final, que significava um tiro na nuca e sepultura em fossa comum.

"Os crimes contra a humanidade não podem ficar impunes, a Justiça pode e deve intervir sucessivamente e trazer a verdade do que aconteceu à tona. É muito importante conseguir estabelecer a verdade sobre o sistema Condor", afirma o procurador Giancarlo Capaldo, ressalvando que seria importante que os países do Cone Sul, eles próprios, abrissem investigações para esclarecer as violações. Para ele, a mensagem é clara: "Ditadores, atenção, a Justiça poderá sempre alcançá-los, seja a de seu país como a de um outro".

Nas 24 páginas de depoimento do uruguaio à Justiça italiana, o que se vê é uma lista com nomes de vítimas. No documento, o réu se declara inocente e diz não aceitar as acusações. "Não sabia da existência do Plano Condor, fazia o que meu comandante pedia", diz. Já a tortura, para ele, era somente uma "condição de rigor":

> Eu sabia das torturas, sabia que nas Forças Armadas havia tortura. Sabia, assim como todos sabiam. A tortura era um procedimento normal na Fusna. Consistia em manter por várias horas os prisioneiros em pé, encapuzados, sem beber e sem comer. Mas torturar sadicamente e perversamente, não. A tortura era uma condição de rigor.

Segundo Adolfo Domingo Scarano, seu antigo advogado, Troccoli era somente um jovem tenente que obedecia ordens dos superiores. "Me explique que coisa ele poderia ter feito. Desobedecer o próprio país? Ok, ele comandava aquela unidade e interrogava os presos. Mas nunca torturou ninguém. Ele mesmo admitiu que deixava os prisioneiros acusados de terrorismo em pé, encapuzados, sem água e sem comida. Mas isto é tortura?", questiona o antigo defensor. No entanto, quando ainda vivia no Uruguai, Troccoli escreveu e publicou *A ira de leviatã*, livro em que, além de reivindicar seus crimes e pretender ser reconhecido como um homem a serviço do Estado, tenta justificar a repressão e a tortura.

A equipe atual de defesa do ex-militar uruguaio, formada por Anna Cifuni e Francesco Guzzo, afirma que será capaz de demonstrar que Troccoli "não sabia dos fatos". Os advogados argumentam que o uruguaio é somente um aposentado, que vive na Itália e leva uma vida tranquila. "Ele foi colocado no processo somente porque trabalhava na Fusna, mas não significa que fez o que dizem ter feito."

Se no Uruguai Troccoli era conhecido como o "Torturador", em Battipaglia, o chamam George. A pequena cidade que o ex-militar escolheu para viver, a uma hora de Nápoles, é terra da máfia Camorra.

Tentamos contatá-lo, mas não obtivemos resposta. Já seu advogado atual, Francesco Guzzo, pediu €15 mil para uma conversa exclusiva com o uruguaio. Ele disse ser como "uma puta, velha e mercenária" e, ainda, terminou a frase em português: "Sem grana, nada feito".

A CNV E O FUTURO

Relatório da CNV: tributo a Washington

Felipe Amorim

"Os golpistas brasileiros precisaram pagar um tributo a Washington, partícipe, avalista e beneficiário de 1964." É assim que a CNV descreve a interferência dos Estados Unidos no cenário político brasileiro que culminou no golpe contra João Goulart. Ao longo das mais de 4 mil páginas do relatório final, entregue à presidente Dilma Rousseff em 10 de dezembro de 2014, a comissão classifica como "efetiva" a participação da potência estrangeira no movimento de conspiração contra Jango.

Parte do papel dos EUA no golpe já era sabido, como a mobilização logística da Operação Brother Sam, que deslocaria armamentos e suprimentos para abastecer os conspiradores, em um eventual conflito civil. No entanto, a CNV faz relevante comentário sobre a importância de Washington na ruptura da ordem constitucional ao dizer que a massiva presença militar norte-americana na costa brasileira — que, inclusive, estava preparada para fazer desembarcar tropas em solo nacional — pesou decisivamente na opção de João Goulart em não resistir ao golpe, evitando uma guerra civil.

Abaixo, selecionamos alguns trechos do relatório da CNV que destacam a participação e o engajamento dos EUA no regime de exceção brasileiro:

A 'senha' de Minas Gerais para os EUA

Para garantir o sucesso do golpe, o governo de Minas Gerais — estado de onde foi deflagrado o movimento para depor Jango pelas tropas do general Olympio Mourão Filho — estava acordado com agentes do governo norte-americano. Segundo escreve a CNV, o governador Magalhães Pinto declararia Minas Gerais em "estado de beligerância". Esta, para a comissão, "seria a senha para que os Estados Unidos interviessem no Brasil"; a partir daí, Washington colocaria em curso "o plano de contingência elaborado pela inteligência estadunidense no final de 1963". Uma parte desse projeto recebeu o nome de Operação Brother Sam, cuja extensão de atuação foi revelada em 1970.

Lista de materiais

O coronel de brigada José Pinheiro de Ulhôa Cintra, em contato direto com o adido militar dos EUA, coronel Vernon Walters (1917-2002), definiu equipamentos e recursos que seriam deslocados pelos Estados Unidos em direção aos portos de Santos e Recife. O material incluía:

• navios-tanques da Marinha dos EUA levando gasolina e óleo;

- 1 porta-aviões;
- 4 destróieres;
- 2 escoltas de destróieres e navios-tanques de força-tarefa;
- 110 toneladas de munição;
- armas leves e outros equipamentos, incluindo gás lacrimogêneo para a contenção e o controle de multidões;
- 10 aviões cargueiros;
- 6 aviões-tanques; e,
- 6 caças.

Intervenção militar direta dos EUA

O movimento dos conspiradores brasileiros para depor o presidente João Goulart englobou várias esferas de atuação. Em uma delas, de caráter logístico, o movimento golpista preparava-se para um conflito armado contra as forças leais a Jango — na prática, uma guerra civil. Em função desse cenário, os conspiradores pensaram cuidadosamente em fortalecer as células armadas e, para isso, contaram com apoio fundamental dos Estados Unidos, que incluía a previsão de intervenção militar norte-americana direta no Brasil. Nas palavras da CNV, em seu relatório final: "Além do mencionado operativo, o plano também previa o desembarque de tropas estadunidenses no solo brasileiro".

Presença dos EUA influenciou postura de Jango

Como se sabe, a intervenção militar dos EUA nunca chegou a ser necessária, pois o presidente deposto, para evitar a eclosão de uma guerra civil no Brasil, optou por não partir para o enfrentamento com os golpistas. Entretanto, o relatório da CNV estabelece que a presença militar norte-americana na costa brasileira em 31 de março de 1964 pesou consideravelmente na decisão de Jango de não reagir — e por isso a participação dos EUA no golpe foi "efetiva".

"A participação de uma potência estrangeira na crise do governo Goulart, a despeito de não haver acontecido de forma espetacular, com uma intervenção militar, ocorreu efetivamente, pois a presença militar de uma grande potência na costa brasileira fez parte do cálculo político do presidente deposto, em sua decisão de não reagir" (BRASIL, 2014b, p. 305).

EUA no pré-golpe: financiamento de campanhas políticas

No período que antecedeu o golpe de 1964, o relatório da CNV também detalha interferências — sobretudo econômicas — dos Estados Unidos na política brasileira. Dinheiro norte-americano irrigou centenas de campanhas eleitorais no pleito legislativo de outubro de 1962, o último democrático antes do golpe dois anos mais tarde. E a via de acesso desse financiamento externo foi o Instituto Brasileiro de Ação Democrática (Ibad), órgão definido como "uma organização da agência de inteligência dos EUA no Brasil", nas palavras de Philip Agee, um ex-agente da CIA, citado pela CNV. Algumas das ações do complexo Ipês/Ibad:

• para financiar candidatos contrários a João Goulart, o Ibad repassou recursos do governo dos EUA que podem chegar à soma de US$ 20 milhões;

• foram financiados 250 candidatos a deputado federal;

- após o pleito, um terço da Câmara dos Deputados era formada por parlamentares eleitos com tais recursos; e,

- esquema investiu na campanha de 600 deputados estaduais, 8 governos estaduais e vários senadores, prefeitos e vereadores.

Nas palavras do relatório final da CNV, sobre a atuação dos EUA nas eleições legislativas de 1962:

> O complexo Ipês/Ibad promoveu uma ação absolutamente ilegal que mais uma vez denota o grau de ingerência de uma potência estrangeira nos negócios internos de uma nação soberana. (Relatório CNV, vol.2, texto 8, 'Civis que colaboraram com a ditadura', p. 309)

CIA apoiou marchas religiosas

O apoio dos EUA foi importante para dar força às manifestações civis que antecederam o golpe de 1964, como a Marcha da Família com Deus pela Liberdade.

Em tal mobilização, seria decisivo o apoio da CIA no financiamento às ações do padre norte-americano Patrick Peyton, o qual seria deslocado do Chile para o Brasil já em fins de 1961, estimulando uma campanha de orações 'contra o comunismo'.

Segundo escreve a CNV, o impacto das marchas religiosas na opinião pública logo antes do golpe foi decisivo para fortalecer a aceitação da deposição do presidente. Assim, serviram para produzir uma narrativa — que não era compartilhada pela totalidade da sociedade brasileira — de que o povo "clamou pela intervenção militar".

Operação Condor no relatório da CNV

Vitor Sion

A Operação Condor, cooperação entre regimes autoritários da América do Sul na década de 1970 para assuntos relacionados ao "combate à subversão", fez uso sistemático de esquadrões da morte e sindicatos do crime, em "clara situação de terrorismo de Estado". Essa é uma das conclusões de relatório da CNV.

De acordo com o documento oficial, que tem dois capítulos sobre a violação de direitos humanos de brasileiros no exterior e a aliança entre as ditaduras do Cone Sul, a Operação Condor foi oficializada no final de 1975, em uma reunião na cidade de Santiago, no Chile, da qual participaram seis países (Brasil, Chile, Argentina, Bolívia, Paraguai e Uruguai).

O relatório, porém, apresenta indícios de que essa cooperação já existia dois anos antes desse encontro.

Para os pesquisadores da CNV, a Operação Condor foi realizada em três fases: na primeira, "houve a formalização da troca de informações entre os serviços de Inteligência, com a criação de um banco de dados sobre pessoas, organizações e outras atividades de oposição aos governos ditatoriais"; na segunda, "aconteceram operações conjuntas nos países do Cone Sul e a troca de prisioneiros, mobilizando agentes da repressão local envolvidos na localização e prisão de opositores caçados por governos estrangeiros"; já a última fase "consistiu na formação de esquadrões especiais integrados por agentes dos países-membros, assim como por mercenários oriundos de outros países (neofascistas italianos e cubanos anticastristas), que tinham por objetivo a execução de assassinatos seletivos de dirigentes políticos".

O relatório ainda classifica o último momento da Operação Condor como o "mais arrojado e secreto". Entre os mortos dessa fase estão dois ministros chilenos, sendo que apenas um deles teve o nome divulgado: o ex-chanceler Orlando Letelier (1932-1976), "morto por atentado a bomba executado por agentes da Dina em Washington, em setembro de 1976." A Departamento Nacional de Inteligência (Dina) era uma espécie de Sistema Nacional de Informações (SNI) chileno.

O trabalho da CNV também apresenta uma lista de 377 militares, policiais e ex-agentes do Estado acusados pelos crimes cometidos durante a ditadura brasileira. Um dos mais conhecidos é o coronel Carlos Alberto Brilhante Ustra, que teve atuação destacada na Operação Condor. Entre dezembro de 1974 e dezembro de 1977, Ustra foi chefe do Setor de Operações do Centro de Informações do Exército (CIE), considerado "braço brasileiro da Condor".

Além disso, a comissão também divulgou outra lista, com os nomes de 434 mortos e desaparecidos políticos, em ordem cronológica.

A questão dos arquivos públicos

Rodolfo Machado

A polêmica sobre o atual estado dos nossos acervos públicos ganha novos contornos. Para a historiadora e diretora do Arquivo Geral da cidade do Rio de Janeiro, Beatriz Kushnir, não há no Brasil uma política de gestão de arquivo público. Dessa forma, resta aos pesquisadores e arquivistas apenas "o lixão que sobrou".

Para Kushnir, autora de *Cães de guarda: jornalistas e censores, do AI-5 à Constituição de 1988*, existem apenas "lampejos de cidadania" na guarda pública de acervos. Dos 5.800 municípios brasileiros, apenas cerca de 80 possuem arquivos municipais.

"Se não implementarmos uma política efetiva de gestão documental ligada ao Executivo, continuaremos a trabalhar com o 'lixão', com o que deixaram de destruir", disse a pesquisadora no III Seminário Internacional "O mundo dos trabalhadores e seus arquivos", promovido pela Central Única dos Trabalhadores (CUT). O projeto Memórias Reveladas, ligado ao Arquivo Nacional, também organizava o evento.

Inez Stampa, assessora do coordenador do Memórias Reveladas, discordou de Kushnir e afirmou que há sim uma política nacional de gestão de arquivo. Disse também que a metodologia é empregada "no sentido de preservar [o acervo]" e negou qualquer tratamento que "descaracterizasse" o arquivo.

Durante a semana de debates, em setembro de 2013, o evento centrou foco no "Direito à Memória e à Verdade", tema caro ao projeto Memórias Reveladas — iniciativa que tem como objetivo resgatar as lutas sociais ocorridas durante a ditadura militar e efetivar uma política pública de valorização dos acervos e patrimônios documentais.

Criado pela Casa Civil da Presidência da República em maio de 2009, o projeto vem sendo coordenado pelo Arquivo Nacional. Entretanto, em virtude de divergências quanto à política de gestão dos arquivos da ditadura militar, o Memórias Reveladas viu sua crise deflagrada a partir de 2010, com a saída dos historiadores Carlos Fico e Jessie Vieira de Souza da Comissão de Altos Estudos do projeto, ambos acadêmicos da Universidade Federal do Rio de Janeiro (UFRJ).

À época, Vieira de Sousa apontava que "o grupo se afastou completamente dos propósitos originais", submetido ao que nomeou de "cultura do segredo". Carlos Fico, em carta demissionária ao presidente do projeto, Jaime Antunes da Silva, afirmou que "não podem os arquivos brasileiros

À ESPERA DA VERDADE

arvorarem-se em intérpretes do direito à privacidade e arbitrarem se este ou aquele documento agride a honra ou a imagem de alguém". Negando a crise aberta, Antunes protelava em resposta de praxe: "Vale lembrar que tais documentos encontram-se em fase de digitalização".

Os questionamentos à dinâmica do Memórias Reveladas não ficaram, porém, restritas à crise de alguns anos atrás. Para Beatriz Kushnir, o Memórias Reveladas "não chegou a ser objeto de um trabalho efetivo em rede", propugnando, pois, a necessidade de uma autêntica Política Nacional de Arquivos compreendida como política de Estado, criando um grande banco de dados com todo acervo disponível e digitalizado.

"As instituições não vão ser chamadas, em rede, à digitalização?", questionou Kushnir, advertindo o mal-estar da "dessintonia entre historiadores e arquivistas". "Quanto da documentação do Estado brasileiro, nas três esferas do poder, estamos perdendo?", provocou.

Confederação Operária Brasileira

A palestra inicial do seminário coube ao historiador norte-americano Michael Hall, da Universidade Estadual de Campinas (Unicamp), versando sobre a Confederação Operária Brasileira (COB) e sua publicação oficial *A Voz do Trabalhador*. Em 2013, foi homenageado o centenário do 2º Congresso da COB que, para Hall, é "a versão brasileira do sindicalismo revolucionário".

Segundo o professor, em defesa da autonomia de uma classe operária composta em grande parte por imigrantes europeus, este movimento radical apoiou a ação direta como sua arma de luta, na forma de greves, sabotagens e boicotes. Não sendo, de modo algum, "uma ideia fora de lugar", o sindicalismo revolucionário na Primeira República representaria, para o norte-americano, uma resposta direta da violência operária às "vias políticas fechadas", historicamente, por "um Estado e uma burguesia unidos e intransigentes".

Ao lado de Paulo Sergio Pinheiro, Michael Hall foi o primeiro a resgatar os documentos da COB na coleção *A classe operária no Brasil. 1889-1930: Documentos. Vol. II. Condições de vida e de trabalho, relações com os empresários e o Estado.*

A lição argentina: os cúmplices econômicos da ditadura

Felipe Amorim

Esclarecer a relação de cumplicidade entre o empresariado e a ditadura argentina é um dever do Estado à sociedade, mas também para com os próprios militares condenados pelos crimes e violações aos direitos humanos. A opinião é do jornalista argentino Horacio Verbitsky, para quem é importante visualizar a imagem completa do processo golpista: "Do contrário, poderia parecer que de repente desembarcou uma nave espacial na Argentina e chegou um grupo de sádicos militares que começou a cometer crimes espantosos de pura maldade", argumenta.

Verbitsky esteve em São Paulo em novembro de 2013 para uma sessão pública na Comissão Estadual da Verdade Rubens Paiva, na Assembleia Legislativa, ocasião em que lançou seu mais recente livro *Cuentas pendientes: los cómplices económicos de la ditadura*.

Na sua 21ª obra, organizada em parceria com Juan Pablo Bohoslavsky, Verbitsky enumera diversos tipos de cumplicidade financeira entre o alto capital e o aparelho da ditadura militar. Segundo o jornalista apurou, era comum que empresários do setor industrial se reunissem com generais e coronéis para fazer o planejamento da repressão.

A colaboração do meio empresarial também se dá por mecanismos mais indiretos. Muitas empresas, por exemplo, forneciam fichas e registros de seus funcionários a serviços de inteligência do governo argentino — facilitando sequestros e desaparecimentos, portanto. Verbitsky lembrou ainda que grandes empresas emprestavam seus carros para que agentes da repressão pudessem transitar pelas ruas levando presos políticos sem serem notados.

A forte aliança entre alguns setores do capital argentino e o governo ditatorial rendeu alterações significativas na ordem econômica e benefícios convenientes a esses aliados. O regime de exceção permitiu, por exemplo, que diversas leis trabalhistas fossem derrogadas, expondo a classe trabalhadora a mais exploração. O aparelho da repressão também foi usado para concentrar ainda mais o capital em certos setores, facilitando apropriações e fusões e inclusive sequestrando alguns empresários de menor expressão.

No que diz respeito à transição da ditadura à democracia e ao acerto de contas do passado, é notório que a Argentina se encontra em posição bem mais avançada. Enquanto o Brasil segue amarrado pela Lei de Anistia, o país vizinho já colocou atrás das grades centenas de militares — muitos dos quais em presídios comuns.

Para Verbitsky, é difícil comparar a maneira como os dois países latino-americanos lidam com a própria memória; os processos são muito particulares. O que o jornalista faz é ressaltar a importância do contexto histórico atual favorável e propício para que se investigue o passado com isenção e afinco. "Em um cenário de primazia da política sobre os poderes econômicos, se abre espaço para responsabilizar a cumplicidade e os crimes da ditadura", observou.

Ruas da ditadura

Joana Monteleone

Em agosto de 2015, o prefeito de São Paulo, Fernando Haddad, lançou o programa Ruas de Memória. Organizada pela Secretaria Municipal de Direitos Humanos, a iniciativa busca chamar a atenção para nomes de ruas da cidade que homenageiam agentes da repressão do Regime Militar brasileiro. Uma série de projetos de Lei será proposta na Câmara Municipal dos Vereadores para que os logradouros sejam rebatizados. No entanto, apesar dos esforços de reparação feitos pela administração municipal, nem só de militares viveu a ditadura. Antes, durante e depois do golpe que depôs o presidente João Goulart, não foram poucos os empresários que participaram ativamente da elaboração, construção e sustentação do regime de exceção. Como reconhecimento pelos esforços, muitos seriam homenageados com seus nomes em ruas, praças e escolas.

Um dos exemplos mais famosos é o do dinamarquês Henning Albert Boilesen, presidente do grupo Ultra durante a

Ditadura Militar, morto por um comando da Ação Libertadora Nacional (ALN) e do Movimento Revolucionário Tiradentes (MRT) no dia 15 de abril de 1971, na alameda Casa Branca, nos Jardins, bairro nobre de São Paulo. Boilesen foi assassinado após vários presos políticos terem relatado sua participação em sessões de tortura que ocorriam na Oban, centro de repressão política localizado na rua Tutóia, na Vila Mariana, zona sul da cidade. Alguns presos diziam, inclusive, que o empresário trouxera dos Estados Unidos uma máquina especial para dar choques elétricos, que ficou conhecida como pianola Boilesen.

Dois anos após a morte do empresário-torturador, no dia 3 de abril de 1973, a prefeitura de São Paulo, comandada por José Carlos Figueiredo Ferraz, homenageou o empresário dinamarquês com o nome de uma rua no Jaguaré. Boilesen não ajudava a Oban apenas com máquinas de tortura, ele ajudava no financiamento sistemático do aparelho repressivo montado para combater os que resistiam à ditadura, pedindo dinheiro a outros empresários. Ao lado de muitos empresários paulistas, Boilesen ajudou a financiar tanto o golpe em março de 1964 como a montagem do aparelho repressivo da ditadura. Reunidos em torno de uma entidade privada, o Instituto de Estudos e Pesquisas Sociais (Ipês), e da Federação das Indústrias do Estado e São Paulo (Fiesp), os empresários paulistas passaram a conspirar contra o governo de João Goulart logo nos seus primeiros dias de governo.

Em suas memórias, o marechal Cordeiro de Farias conta que ajudou a reunir o grupo, pensando na grande capacidade de mobilização industrial que já havia sido conseguida durante a revolução de 1932. Essa mobilização de empresários, além das reuniões em que se discutiam as políticas do governo e as eventuais mudanças pós-golpe, também implicava o recolhimento de verbas para as despesas da "revolução".

Esse dinheiro, que vinha de diferentes formas direto do caixa das empresas, foi arrecadado para que tudo fosse perfeitamente organizado tanto para a conspiração como para os dias do golpe propriamente dito. Era preciso comprar bilhetes de avião, reservar hotéis, pagar refeições, comprar armas e alugar um quartel-general. Segundo relato de Paulo Egydio, ex-governador paulista, o QG ficava no Pacaembu e tinha duas saídas para ruas diversas. O clima de desestabilização do governo Jango também foi cuidadosamente pensado com a contratação de uma assessoria de imprensa para pautar os jornalistas contra o governo constitucional.

Livros, entrevistas, programas de televisão e outros diversos tipos de veículos de comunicação eram mobilizados para dar a impressão de que o governo estava à beira de um colapso. Como aconteceu com Henning Albert Boilesen, esse apoio do empresariado ao golpe e à ditadura militar foi largamente recompensado pelo poder público. Muitos dos empresários que conspiraram para a derrubada do governo constitucional de João Goulart e depois contribuíram para a montagem de seu aparelho repressivo mais cruel, a Oban, foram homenageados com seus nomes estampados em logradouros públicos.

Em um primeiro levantamento, percebemos que a cidade de São Paulo tem pouco mais de 20 lugares com nomes de empresários que apoiaram a ditadura. São locais como a avenida Luiz Dumont Villares, na zona norte da capital, homenagem ao industrial do ramo de metalurgia que fez parte do Conselho Orientador do Ipês e que aparece na lista de empresas doadoras para o Grupo Permanente de Mobilização Industrial (GPMI) da Fiesp, criado logo após o golpe para organizar as demandas das empresas paulistas. Outros nomes de ruas e praças também tiveram ativa participação no Golpe Militar, como Humberto Reis Costa, que se tornou uma praça em Sapopemba; Jaime Pinheiro de Ulhoa Cintra, membro da Escola Superior de Guerra, que deu nome a outra praça, em Pirituba. No Lauzane Paulista, uma travessa homenageou o advogado Trajano Puppo Netto.

Todos, sem exceção, conspiraram e fizeram doações para derrubar o governo de Jango. Também é o caso da Escola Estadual Engenheiro Octavio Marcondes Ferraz (1886-1990), perto da avenida Itaquera. O engenheiro elétrico foi o responsável por um dos maiores negócios dos primeiros meses da ditadura: a venda da Amforp para o governo brasileiro. Empresa de energia norte-americana responsável pelo abastecimento de grande parte dos Estados Unidos, a Amforp andou no vermelho por anos, não fazia os investimentos necessários para aumentar a rede e, por conta disto, não conseguia dar conta do consumo que crescia no país. O governo norte-americano queria se livrar do problema e ainda pressionar o Brasil a pagar um preço abusivo por uma massa falida.

O preço pedido pelos Estados Unidos era considerado absurdo e o governo de João Goulart vinha levando a questão calmamente, negociando valores e juros. Tanto Carlos Lacerda, governador do Rio de Janeiro, como Magalhães Pinto, governador de Minas Gerais, ambos apoiadores do golpe, eram contra a estatização a Amforp. De nada adiantaram as reclamações dos governadores e a gritaria na imprensa.

Em novembro de 1964, poucos meses após o golpe, depois de uma extensiva troca de telegramas com os Estados Unidos, a Amforp foi estatizada pelo preço que os americanos queriam. Foram pagos 135 milhões de dólares pelos bens da empresa, além do pagamento de 10 milhões de dólares como compensação do atraso e 7,7 milhões de dólares aos juros e dividendos. Quem cuidou da negociação com os americanos foi, justamente, o engenheiro Octavio Marcondes Ferraz.

Outras ruas também têm seus nomes ligados a escândalos financeiros durante a ditadura. É o que ocorreu com Fuad Lutfalla, sogro de Paulo Maluf (Fuad é pai de Silvia, mulher de Maluf), que hoje dá nome a uma avenida na Lapa. Participante de primeira hora do Ipês, Fuad conspirou ativamente para derrubar Jango. A família Lutfalla possuía uma grande fábrica têxtil em São Caetano – o próprio Fuad foi eleito o "empresário têxtil de 1967". Anos depois, em meados da década de 1970, as empresas Lutfalla estavam praticamente falidas. Paulo Maluf, presidente da Caixa Econômica Federal entre 1967 e 1969 e depois prefeito de São Paulo, entre 1969 e 1971, intercedeu politicamente para conseguir um empréstimo junto ao BNDE, o então Banco Nacional de Desenvolvimento, por meio do então ministro de Planejamento, João Paulo dos Reis Veloso (ele passou por dois governos militares, o de Médici e o de Geisel).

Todos os pareceres, tanto do banco como do próprio governo, eram contra o empréstimo, que acabou saindo em

1977. Dois anos depois, Maluf foi eleito, indiretamente, governador do Estado. A empresa foi à falência, e os recursos do BNDE, perdidos. O inquérito para apurar o caso está obstruído pela Justiça até hoje.

Na Vila Nova Conceição, Luís Eulálio de Bueno Vidigal (1911-1995) dá o nome a uma praça perto da avenida Hélio Pellegrino. Luís Eulálio foi dirigente da Companhia Brasileira de Metais Ferroviários (Cobrasma), em Osasco, durante a Ditadura Militar, sendo eleito presidente da Fiesp em 1980.

Palco de uma das greves mais combativas contra o regime militar, a paralisação da Cobrasma deu o tom sombrio ao movimento sindical dos anos posteriores. No dia 16 de julho de 1968, mais da metade dos funcionários da Cobrasma parou de trabalhar. Entre várias reinvindicações estava o protesto explícito contra a ditadura. Outras empresas da região aderiram à paralisação, como a Braseixos, a Fósforos Granada e a Lonaflex, e a notícia de uma greve contra a ditadura se espalhou pelos jornais de São Paulo. Os grevistas haviam tomado a fábrica. A repressão foi rápida e violenta, com 1.000 soldados invadindo o local e mais de 300 operários presos. Os líderes das graves foram presos e sofreram torturas. Luís Eulálio, na direção da empresa, apoiava em seu escritório a repressão dos movimentos aos trabalhadores.

Mas a história da família Bueno Vidigal não se resume apenas à repressão à greve dos trabalhadores da Cobrasma em 1968. Luís Eulálio é um dos irmãos mais velhos de Gastão Eduardo de Bueno Vidigal, diretor-presidente do Banco Mercantil, instituição fundada por seu pai Gastão Vidigal, nome de uma importante avenida na Vila Leopoldina. Gastão Eduardo foi um dos banqueiros mais envolvidos na montagem da estrutura repressiva da ditadura, a Oban.

Entre agosto e setembro de 1969, ele convidou diversos empresários da cidade para um almoço no Clube São Paulo, ocasião em que recolheu o dinheiro que serviria para comprar alguns dos equipamentos que montariam a Oban. Na reunião, e em várias outras que se seguiram, estavam presentes tanto Pery Igel, presidente do grupo Ultra, como Henning Albert Boilesen.

Numa pesquisa inicial que levantou 180 empresários que financiaram a implantação da ditadura em 1964, descobriu-se que 21 homens fortes do regime militar se tornaram nomes de lugares públicos na cidade de São Paulo – abaixo, listamos dez dos mais conhecidos. Outros quase 50 se transformaram em logradouros públicos no Estado.

A pesquisa foi feita nos últimos dois anos por uma equipe de dois historiadores e três jornalistas, que cruzaram informações de livros, jornais da época, documentos, entrevistas, ganhadores da medalhas pelo regime, membros de instituições que abertamente apoiavam o regime, agências de publicidade e políticos que ajudaram a derrubar Jango. Foi montada uma tabela com os nomes dos empresários mais envolvidos na repressão e, a partir daí, chegou-se aos nomes dos empresários que haviam se tornado nome de rua, avenida, praça, travessa ou escola e que participaram ativamente da ditadura.

Não foram considerados nomes de parentes na pesquisa. A mãe de Paulo Maluf, Maria Maluf, que se tornou um túnel em 1994 que faz a ligação da avenida Bandeirantes com a avenida Tancredo Neves, por exemplo, está de fora do levantamento. Assim, as citações em seguida ficaram restritas aos empresários que estiveram pessoalmente envolvidos com a ditadura e não suas mães, avós, mulheres, pais, primos ou irmãos, que muitas vezes também nomeiam logradouros públicos.

Veja abaixo nossa seleção:

1. Rua Henning Albert Boilesen, Jaguaré

Presidente da Ultragás, Boilesen é o caso mais conhecido de empresário que frequentava os porões (ver o documentário *Cidadão Boilesen*). A empresa emprestava caminhões que participaram de emboscadas e sequestros de militantes de oposição.

2. Avenida Luiz Dumont Villares, Parada Inglesa

Luiz Dumont Villares (1889-1979) integrou o Conselho Orientador do Ipês e a diretoria da Fiesp. Depois do golpe, continuou atuante no Ipês, fortaleceu o contato com *think tanks* internacionais, especialmente norte-americanos.

3.Escola Estadual Octavio Marcondes Ferraz, Itaquera

Octavio Marcondes Ferraz (1886-1990) integrava o Conselho Orientador e o Grupo Especial de Conjuntura do Ipês – e mais dois outros grupos de trabalho do instituto. Após o golpe, acertou a compra da Amforp pelo governo brasileiro – negócio ao qual João Goulart resistiu até o fim de seu governo.

4.Rua Rui Gomes de Almeida, Penha

Rui Gomes de Almeida era do Conselho Orientador, do Conselho Diretor e do Grupo de Estudos e Ação do Ipês. Também

À ESPERA DA VERDADE   281

integrava a Associação Comercial do Rio de Janeiro e nessa condição cedeu o espaço e participou da fundação do instituto.

5.Praça Luís Eulálio Bueno Vidigal, Vila Nova Conceição

Luís Eulálio Bueno Vidigal presidia a Cobrasma, de Osasco, em
1968, epicentro de uma das greves mais duramente reprimidas
pela ditadura. Presidiu a Fiesp nos anos 1980. Seu irmão, Gastão Vidigal, é apontado como um dos principais articuladores
do "caixinha" que alimentou a Oban em 1969.

6.Praça Humberto Reis Costa, Sapopemba

Humberto Reis Costa foi diretor da Fiesp e do Ciesp. Em 1963,
em sua casa, na praça Roosevelt, teria sido organizada uma reunião de industriais que conspiravam contra Jango: "A realização
de uma reunião na residência de um senhor de nome Humberto Reis Costa, na praça da Roosevelt, com mais de 60 industriais
paulistas, na qual Adhemar convocava-os a fornecerem recursos para uma caixinha que tinha como intuito adquirir três mil
caminhões para dar ampla mobilidade a tropas do Estado de
São Paulo, inclusive armando-os, a fim de defender a legalidade, a ordem ameaçada em nosso país...", denunciou, na tribuna
da Câmara dos Deputados, em 29 de maio de 1963, o líder do
governo em exercício, deputado Bocayuva Cunha (PTB-GB).

7.Rua Dr. José Bento Ribeiro Dantas, Nova Piraju

José Bento Ribeiro Dantas foi do Conselho Orientador Nacional
e do Conselho Orientador do Ipês. Também integrava o Centro
das Indústrias do Rio de Janeiro. Dirigia a companhia de aviação
Cruzeiro do Sul, uma das principais financiadoras do instituto.

8.Rua Dr. Paulo Assis Ribeiro, Cangaíba

Paulo de Assis Ribeiro integrou o Grupo de Estudos e Ação e o Grupo de Informação do Ipês. Fez o plano de "reforma agrária" adotado pela ditadura após o golpe. Colecionou uma grande quantidade de documentos do Ipês. Esses papéis integram o acervo do Arquivo Nacional.

9.Travessa Dr. Trajano Pupo, Lauzane Paulista

Trajano Pupo Neto integrava a American Chamber (AmCham), a Câmara de Comércio Brasil-Estados Unidos, que colaborava na organização das contas do Ipês e no fluxo de recursos pró-golpe vindos do exterior.

10.Aveniva Fuad Lutfalla, Freguesia do Ó

Outro integrante do Conselho Orientador do Ipês e do Grupo de Informação do instituto. Empresário do ano em 1967, o grupo de Fuad Lutfalla foi à falência, mas não sem antes receber um polpudo e mal-explicado empréstimo do BNDE graças à intervenção política de Paulo Maluf, seu genro.

11.Avenida Nadir Dias Figueiredo, Vila Guilherme

Sócio de Roberto Simonsen na Companhia Bandeirantes de Seguros Gerais, Nadir Dias Figueiredo não integrava formalmente nenhuma instituição de classe em 1964 e não fazia parte do Ipês. "Dono de um sorriso enigmático, fala mansa e sempre a bordo de um terno escuro, elegeu todos os presidentes da Fiesp por três décadas, até 1980", resumiram assim sua influência na entidade os jornalistas Chico Otávio e José Casado, de O Globo, em reportagem que explica os elos da Fiesp com a Oban.

POSFÁCIO

'Ainda estou aqui', uma resenha

Haroldo Ceravolo Sereza

Desde o golpe empresarial-militar de 1964, já se vão mais de 51 anos. É muito tempo.

O primeiro livro de Marcelo Rubens Paiva que li, *Blecaute*, foi lançado em 1986. Se a memória não me trai, li em 1988, 1989. Desde então, leio-o com alguma frequência nos jornais e na internet, e alguns acasos me levaram a poder estar presente em dois lançamentos mais ou menos recentes – de *Malu de bicicleta*, um romance que se passa em boa medida na rua Augusta, e agora *Ainda estou aqui*, um livro de memórias. Conheço Marcelo da lida de jornalista, mas não sou seu amigo pessoal; não sei onde mora, não conheço ninguém de sua família pessoalmente.

Li, dos livros, *Blecaute, Feliz ano velho, Malu de bicicleta* e *Ainda estou aqui*. Os três primeiros se passam em cenários que me foram e me são profundamente conhecidos. Vivi entre diversas cidades do Vale do Ribeira, entre 1986 e 1995, quando meu pai se aposentou. Nesse período, ele trabalhou em Miracatu, Jacupiranga, Eldorado e Pariquera-Açu. Nem sempre residi com ele, tinha vindo estudar em São Paulo, mas voltava para casa aos finais de semana. Minha carteira de trabalho e meu alistamento militar fiz em Pariquera.

Ler Marcelo sempre foi um prazer pessoal, e por isso esta resenha vai tão em primeira pessoa: não vou esquecer nunca imagens como a BR-116 com os carros parados, a avenida Paulista tingida de vermelho, e os ratos tomando o cine Belas Artes em *Blecaute*; o triste mergulho nas águas de Eldorado de *Feliz Ano Velho*; o barulho insistente mas agradável da rua Augusta que a gente ouve em cada linha de *Malu de bicicleta*.

Assim, os espaços concretos desses livros de Paiva parecem pertencer também a mim e a minha memória.

Ainda estou aqui, no entanto, fala de um mundo que eu só conheço de livros e de pesquisa em documentos. Um mundo que entrou para a clandestinidade há 51 anos, apesar de bem nascido, apesar de bem vivido, apesar de bem intencionado. O mundo da resistência "dos de cima" à violência do golpe militar. Com esse mundo, minha identificação é mais distante.

A gente sabe do papel de Fernando Gasparian (1930-2006) no financiamento da imprensa independente dos anos 1970; a gente sabe que tanta gente do Leblon largou tudo e partiu pra luta; a gente sabe que entre os primeiros perseguidos do regime estava gente que integrava o governo João Goulart ou sua base no Congresso, que foram logo cassados. No entanto, essa gente não é a minha, é gente que admiro,

À ESPERA DA VERDADE

mas com quem não convivo no dia a dia. Pra quem vem de uma classe média do interior, sem ligações com a política e a burguesia de São Paulo, esse mundo é enigmático e permanecerá, sempre, cheio de códigos indecifráveis.

Isso tudo é um preâmbulo para dizer que mergulhei mais uma vez na escrita de Marcelo Rubens Paiva. Em sua leveza, em sua sensibilidade, em sua franqueza, em sua sinceridade. Li de um tiro, assim que abri, *Ainda estou aqui*.

Comecei a leitura com uma surpresa: ignorava que a mãe de Marcelo Paiva sofria de Alzheimer. Essa informação mostrou-se, ao mesmo tempo, uma revelação factual e uma revelação literária: nem sempre um livro de memória combina as duas coisas assim, tão evidentemente. Afinal, como pode a viúva de Rubens Paiva ser vítima de uma doença do esquecimento? Ela, que manteve viva a luta pela memória dos mortos e desaparecidos, ela que simbolizou a disputa tão evidente que devemos travar para que o passado não seja apagado, ela que aprendi a citar pelo nome, sem nunca registrar claramente seu rosto – ela estava deixando a luta, a vida, o combate pelo apagamento biológico, pela marca do tempo.

Descobri ou me foi lembrado, vai saber, lendo *Ainda estou aqui*, que Eunice Paiva em 1983 aproximou a luta dos índios pela demarcação de terras à luta pelo fim da ditadura. Essa posição foi central na reconstrução de centenas – centenas mesmo – de comunidades indígenas no país e pela adoção, na Constituição de 1988, de um texto legal que foi fundamental para fazer esses grupos reviverem. Sei disso porque Paula Monteiro, Beatriz Perrone-Moisés e Dominique Gallois me ensinaram, nas disciplinas de Antropologia do curso de Ciências Sociais da USP, em 1997, 1998, que era preciso defender os avanços da Constituição de 1988 nessa área.

51 anos é muito tempo. Se voltarmos atrás 51 anos de quando eu tinha 12 anos e foi lançado *Blecaute*, chegaríamos ao ano de 1935, o ano do levante da Aliança Nacional Libertadora (ANL). Rubens Paiva pai, Marcelo conta no livro, provavelmente foi morto e torturado porque receberia uma correspondência de ex-militantes da Ação Libertadora Nacional (ALN), a retomada, sob novas bases, por Carlos Marighella (1911-1969), do levante popular contra um poder opressor.[1]

51 anos é muito tempo. Em 1964, Rubens Paiva tentou, em vão, liderar pelo rádio uma cadeia da legalidade no dia 1º de abril. Em vão, não havia III Exército, como Brizola tinha no Rio Grande do Sul em 1961, para dar força concreta à resistência.

O que Rubens Paiva fez para ser tão brutalmente torturado? Essa pergunta que atormentou os filhos é apenas uma das armadilhas que o Estado pós-1964 nos legou, e que nos confunde: nada explica que o poder estabelecido recorra a esse gênero de violência. Nada do que Paiva venha a ter feito permite que façamos essa pergunta. No entanto, fazemos.

---

1   Segundo GASPARI, 2002, p. 324 a 328, Cecília Viveiros de Castro e Marilene de Lima Corona, respectivamente mãe e cunhada do brasileiro exilado Luiz Rodolfo Viveiros de Castro, traziam cartas do Chile, endereçadas a Paiva, de Almino Affonso, ex-ministro de João Goulart, e de Helena Bocayuva, militante do Movimento Revolucionário 8 de Outubro (MR-8) que foi fiadora da casa onde sua organização e a ALN mantiveram sequestrado o embaixador norte-americano Charles Elbrick em setembro de 1969.

À ESPERA DA VERDADE

51 anos é muito tempo, mas 44 também são. Em 1971, Eunice tinha 41 anos quando o marido simplesmente sumiu. Ela também havia sido presa, junto com uma das filhas. Ela era apenas uma dona de casa, que cuidava dos cinco filhos, entre eles Marcelo, único menino. O que fez Eunice Paiva para ficar 15 dias presa, sob tortura psicológica (não a deixavam dormir nem davam informação sobre os filhos, por exemplo; e depois de sair da cadeia, mentiram descaradamente sobre o marido, cujo corpo ainda não foi encontrado)?

Tudo indica que nada, mas a gente devia ter muita vergonha de fazer essa pergunta. Alguns têm, mas muita gente faz como se fosse a coisa mais natural do mundo.

51 anos é muito tempo, e apenas em 2014 as circunstâncias da morte de Rubens Paiva começaram a ser realmente reveladas. Muitos de seus matadores e ocultadores de cadáver já morreram, mas outros tantos estão vivos. O Supremo Tribunal Federal ainda não avaliou, em sessão plenária, se o caso pode ser julgado ou não, porque a Lei de Anistia, de 1979, continua a ser utilizada como óbice à investigação das graves violações de direitos humanos e crimes de lesa humanidade cometidos pelo Estado brasileiro, contrariando jurisprudência da Corte Interamericana de Direitos Humanos.

Desde 1979, são 36 anos. Também é bastante tempo. Se recuássemos de 1986 esse período, voltaríamos para 1950, com Getúlio Vargas (1882-1954) sendo eleito presidente pelo PTB, o partido de Rubens Paiva.

A realidade e o livro de Marcelo fazem com que a memória de Eunice Paiva se apague sem que a memória de

Rubens Paiva sequer tenha a chance de ser reconstruída. Essa é a dualidade explícita da obra: o corpo de Rubens Paiva ainda não está entre nós, e possivelmente nunca venha a ser encontrado, enquanto a memória de Eunice Paiva ainda está aqui, apagada, frágil, incapaz de fazê-la andar.

Enquanto isso, a ditadura militar ainda está aqui, só que mais forte: se a história e a memória desse período se registram por força da literatura, das pesquisas de comissões da verdade, de profissionais da História e dos arquivos que restaram, a interdição inexplicável do tema na Justiça, na política e, especialmente, nos posicionamentos públicos das Forças Armadas, como que nos condena a ficarmos presos ao apagamento dessa vaga de violência iniciada 51 anos atrás.

51 anos é muito tempo.

Em tese, não há pena de morte e não há prisão perpétua no Brasil. É doloroso dizer isso, mas a família Paiva provou das duas: a morte de Rubens e a transformação da metáfora do esquecimento numa doença vivida pelo corpo e pela mente de Eunice, condenada a esquecer em vida a brutal morte do companheiro.

Fontes, acervos e síntese da bibliografia

Fontes

ABREU, Hugo. *Tempo de crise*. Rio de Janeiro: Nova Fronteira, 1980.

ABREU, Hugo. *O outro lado do poder*. Rio de Janeiro: Nova Fronteira, 1979.

ASSOCIAÇÃO DOS DOCENTES DA USP. *O Controle Ideológico na USP (1964-1978), publicado originalmente em 1978 sob o título*. O livro negro da USP – O controle ideológico na Universidade. São Paulo: ADUSP: 2004. Disponível em: http://www.adusp.org.br/files/cadernos/livronegro.pdf.

BRASIL. Conselho de Segurança Nacional, ata da 23ª sessão, Brasília, 1964.

BRASIL. Conselho de Segurança Nacional, ata da 39ª sessão, Brasília, 1966.

BRASIL. Conselho de Segurança Nacional, ata da 41ª sessão, Brasília, 1968.

BRASIL. COMISSÃO NACIONAL DA VERDADE. *Conclusões e Recomendações*. Brasília: 2014.

BRASIL. COMISSÃO NACIONAL DA VERDADE. *Textos Temáticos*. Volume II. Brasília: 2014.

BUENO, Silveira, *Visões da Rússia e do Comunismo*. São Paulo: Saraiva, 1964.

BUZAID, Alfredo. *A Missão da Faculdade de Direito na Conjuntura Política atual. (Estudo sobre os rumos da democracia no Brasil)*. In: Revista da Faculdade de Direito da Universidade de São Paulo. Volume LXIII, 1968.

BUZAID, Alfredo. In: VEJA. *Justiça sem Violência*. O Presidente não admite torturas. Edição 65, 03.12.1969.

BUZAID, Alfredo. *Rumos Políticos da Revolução Brasileira*. Brasília: Departamento de Imprensa, 1970.

CAMARGO, Aspásia e GOÉS, Walder. *Meio século de combate: diálogo com Cordeiro de Farias*. Rio de Janeiro: Nova Fronteira, 1981.

CARNEIRO, Glauco. *História das Revoluções brasileiras*. Rio de Janeiro: Edições O Cruzeiro, 1965.

CASADO, José e Otávio, Chico. "O elo da Fiesp com a ditadura". O Globo, 9/3/2013. http://oglobo.globo.com/brasil/o-elo-da-fiesp-com--porao-da-ditadura-7794152. Acesso em 11.ago.2015.

CASADO, José. *Operários em greve desafiaram perseguição. Fábricas organizaram departamentos de segurança e ficharam funcionários, mas não evitaram movimento*. In: O Globo, 15 de maio, 2015. Disponível em: http://www2.camara.leg.br/atividade-legislativa/comissoes/comis-soes-permanentes/cdhm/rede-parlamentar-nacional-de-direitos--humanos/perseguicao.

CHAGAS, Carlos. *113 dias de angústia: impedimento e morte de um presidente*. Porto Alegre: L&PM.

CHAGAS, Carlos. *Carlos Chagas, II (depoimento, 2006)*. Rio de Janeiro: CPDOC/FGV, 2010.

COMISSÃO INTERNACIONAL DE JURISTAS. *For the Rule of Law. Bulletin of the International Commission of Jurists*. N.º 20. September, 1964. Disponível em: http://icj.wpengine.netdna-cdn.com/wp-content/uploads/1964/09/ICJ-Bulletin-20-1964-eng.pdf.

COMISSÃO INTERNACIONAL DE JURISTAS. *For the Rule of Law. Bulletin of the International Commission of Jurists*. N.º 25, March, 1966. Disponível em: http://icj.wpengine.netdna-cdn.com/wp-content/uploads/1966/03/ICJ-Bulletin-25-1966-eng.pdf.

COMISSÃO INTERNACIONAL DE JURISTAS. *For the Rule of Law. Bulletin of the International Commission of Jurists*. N.º 1, March, 1969. Disponível em: http://icj.wpengine.netdna-cdn.com/wp-content/uploads/2013/07/ICJ-Review-1-1969-eng.pdf.

CONFERÊNCIA NACIONAL DOS BISPOS DO BRASIL. *Apresentação, ao povo de Deus, das reflexões da XI Assembléia-Geral da CNBB. In: Pastoral de Brasília é aprovada por 159 a 21*. Igreja. 1º Caderno, Jornal do Brasil, 28/05/1970.

D'ARAUJO, Maria Celina & CASTRO, Celso. *Ernesto Geisel*. Rio de Janeiro: CPDOC/FGV, 1997, p. 209.

À ESPERA DA VERDADE   293

ESTEVES, Carlos Leandro da Silva. *O agrarismo ipesiano nos projetos de Paulo de Assis Ribeiro*. Saeculum – Revista de história, nº 26. João Pessoa, jan./jun. 2012

FONSECA, Rubem. *Feliz Ano Novo*. Rio de Janeiro: Artenova, 1975.

FERRAZ, Octavio Marcondes. *Octavio Marcondes Ferraz. Um pioneiro da engenharia nacional*. Depoimento I Centro da Memória da Eletricidade no Brasil: coordenação Renato Feliciano Dias. Rio de Janeiro: Memória da Eletricidade, 1993. Disponível em: http://cpdoc.fgv.br/producao_intelectual/arq/126.pdf.

GAMA E SILVA, Luiz Antonio da. In: COMISSÃO DE 'ALTO NÍVEL'. *Estudo para a Reforma da Constituição de 1967*. Vol. III. Presidência da República. Arquivo Brasília: 1982.

GRASSI, Quirino. *Grupo Permanente de Mobilização das Federações de Indústria*. Rio de Janeiro: Escola Superior de Guerra, 1973.

IPÊS: *boletim mensal*. Boletim informativo n. 26/27, ano III, set. out. de 1964.

MALAN, Alfredo Souto. *Uma escolha do destino: a vida do general Malan D'Angrogne*. Rio de Janeiro: Biblioteca do Exército Editora, 1977.

MARTINS, Paulo Egydio. *Paulo Egydio: depoimento ao CPDOC/FGV*. Organização Verena Alberti, Ignez Cordeiro de Farias, Dora Rocha. São Paulo: Imp. Oficial do Estado de São Paulo, 2007.

MEDICI, Emilio G. *O jogo da verdade*. Brasília: Imprensa Nacional, 1970.

MEDICI, Emilio G. *Nova consciência de Brasil*. Brasília: Imprensa Nacional, 1970.

MELLO, Jayme Portella de. *A Revolução e o Governo Costa e Silva*. Rio de Janeiro: Guavira, 1979.

MOURÃO FILHO, Olympio. *Memórias: a verdade de um revolucionário*. Porto Alegre: L&PM, 1978.

NIGRIS, Theobaldo de. *A industrialização, a segurança nacional e o Grupo Permanente de Mobilização Industrial da FIESP*. Rio de Janeiro: Escola Superior de Guerra, 1972.

NUNCA MAIS: *informe da comissão de Nacional sobre o desaparecimento de Pessoas na Argentina, presidida por Ernesto Sábato*. Porto Alegre: L&PM, 1984.

PAZ, Carlos Eugênio. *Viagem à luta armada: memórias da guerrilha*. Rio de Janeiro, Bestbolso, 2008.

REALE, Miguel. *Revolução e Normalidade Constitucional. In: A Revolução de 31 de Março. 2º aniversário*. Rio de Janeiro: Biblioteca do Exército, 1966.

RAO, Vicente & MESQUITA FILHO, Julio de. *Projeto do Ato Institucional do Governo Provisório da República dos Estados Unidos do Brasil. In: STACCHINI, José. Março 64: Mobilização da Audácia*. São Paulo: Editora Nacional, 1965.

RAO, Vicente. In: Revista Estudantil do Centro Acadêmico XI de Agosto. Ano LV, n.º 2, 1957.

SILVA, Carlos Medeiros. *Observações sobre o Ato Institucional. In: Revista Forense*. Vol. 206. Ano 61. Abril – Maio – Junho de 1964.

SILVA, Carlos Medeiros. *Seis meses de aplicação do Ato Institucional. In: Revista de Direito Administrativo*. Vol. 78. Outubro – Dezembro de 1964.

SILVA, Carlos Medeiros. *Ministro Carlos Medeiros Silva. Posse no Ministério da Justiça e Negócios Interiores. In: Revista de Direito Administrativo*. Vol. 85. Julho-Setembro de 1966. Rio de janeiro: FGV.

SILVA, Carlos Medeiros. *A Constituição e os Atos Institucionais. Entrevista publicada em O Estado de São Paulo de 18.5.75. In: Revista de Direito Administrativo*. Rio de Janeiro. Vol. 121. Jul./set., 1975.

SILVA, Carlos Medeiros. In: *Supremo Tribunal Federal. Segurança Nacional – Conceito – Ato Institucional n.º 2 de 1965. Interpretação do art. 30 do Ato Institucional n.º 2, de 1965. Habeas corpus n.º 43.071*. In: Revista de Direito Administrativo. Vol. 91. Janeiro-Março de 1968, FGV.

STACCHINI, José. *Março de 1964: mobilização da audácia*. São Paulo: Companhia Editora Nacional, 1965.

PEREIRA, Osny Duarte. *Itaipu: prós e contras. Ensaios sobre a localização, no Brasil, da maior barragem do mundo e suas implicações em nossa política continental*. São Paulo: Paz e Terra, 1974.

PEREIRA, Osny Duarte. *Ferro e Independência. Um desafio à Dignidade Nacional*. Rio de Janeiro: Civilização Brasileira, 1967.

SIEKMAN, Philip. *When Executives Turned Revolutionaries. A story hitherto untold: how São Paulo businessmen conspired to overthrow Brazil's Communist-infected government*. Fortune, September, 1964.

SCHWARZ, Fred. *Você pode confiar nos comunistas (... eles são comunistas mesmo!)*. São Paulo: Dominus, 1963.

TEIXIERA, Anibal. *Flautista do Rei*. São Paulo: Clio Editora, 2013.

TENDLER, Silvio. *Os advogados contra a ditadura. Por uma questão de justiça*. Brasília: Ministério da Justiça. Projeto Marcas da Memória da Comissão de Anistia, 2014.

QUEM É QUEM NO BRASIL: 1964. *Biografias contemporâneas*. São Paulo: Sociedade Brasileira de Expansão Comercial LTDA, 1964.

À ESPERA DA VERDADE   295

WHO'S WHO IN BRAZIL. São Paulo: Who's who Editorial, 1969.

VIDIGAL, Antonio Carlos. *Gastão: um empresário moderno*. Rio de Janeiro: Xenon, 1991.

VIANA FILHO, Luís. *O governo Castello Branco*. Rio de Janeiro: José Olympio, 1975.

Acervos

Pesquisa das fontes primárias: Esta primeira fase deve ter duração de 12 meses. Primeiramente, foi incluída a procura de material referente ao tema, empresários e ditadura militar nos seguintes acervos:

Memórias reveladas Centro de referência das lutas políticas no Brasil (1964-1985)

Centro de Pesquisa e Documentação de História Contemporânea do Brasil, *Fundação Getúlio Vargas*

Cinemateca Brasileira

Comissão Geral de Investigações (CGI), *Arquivo Nacional (Rio de Janeiro)*

Comitê Brasileiro pela Anistia, *Arquivo Edgard Leuenroth - IFCH/Unicamp*

Conselho de Segurança Nacional, *Arquivo Nacional (Brasília)*

Correio da Manhã, *Arquivo Nacional (Rio de Janeiro)*

DEOPS (SP), *Arquivo Público do Estado de São Paulo*

Departamento de Polícia Federal, *Arquivo Nacional (Brasília)*

Discursos parlamentares, *Anais da Câmara dos Deputados e Anais do Senado Federal*

Divisão de Censura de Diversões Públicas (DCDP), *Arquivo Nacional (Brasília)*

Divisão de Segurança e Informações do Ministério da Justiça (DSI/ MJ), *Arquivo Nacional (Rio de Janeiro)*

Divisão de Segurança e Informações do Ministério das Relações Exteriores (DSI/MRE), *Arquivo Nacional (Brasília)*

DOPS (ES), *Arquivo Público do Estado do Espírito Santo*

DOPS (MG), *Arquivo Público Mineiro*

DOPS (PR), *Arquivo Público do Paraná*

DOPS (RJ), *Arquivo Público do Estado do Rio de Janeiro*

Golbery do Couto e Silva, *Biblioteca da Universidade Candido Mendes*

IBOPE, *Arquivo Edgard Leuenroth*

Imprensa Alternativa de Esquerda, *Laboratório de Estudos do Tempo Presente da UFRJ*

Informante do Regime Militar, *Arquivo Nacional*

Instituto de Pesquisas e Estudos Sociais (IPES), *Arquivo Nacional.*

Luís Viana Filho, *Arquivo Nacional*

Memórias de Esquerda, *Laboratório de Estudos do Tempo Presente da UFRJ*

Ministério das Relações Exteriores, *Centro de Documentação do MRE*

Organizações Comunistas no Brasil nos anos 1960 e 1970, *Arquivo Público do Estado do Rio de Janeiro*

Outros Documentos Similares aos dos Diversos DOPS, *Arquivo Público do Ceará, na Universidade Federal de Goiás e no Centro de Tradições Gaúchas*

Politica Operária (1961-1982), *AMORJ - IFCS / UFRJ*

PROIN - Projeto Integrado Arquivo do Estado/ USP, *Departamento de História, FFLCH/USP*

Serviço de Censura de Diversões Públicas do RJ, *Arquivo Nacional (Rio de Janeiro)*

Serviço Nacional de Informações, *Arquivo Nacional (Brasília)*

Referências bibliográficas

Artigos acadêmicos

ALENCASTRO, Luiz Felipe de. *O golpe de 1964 e o voto popular. In: Novos Estudos,* nº 98, p. 5-11. São Paulo: Cebrap, 2014.

BRESSER-PEREIRA, Luiz Carlos e Diniz, Eli. *Empresariado industrial, democracia e poder político.* São Paulo: *Novos Estudos,* v. 84, julho de 2009.

BORTONE, Elaine de Almeida. *A participação do Instituto de Pesquisas e Estudos Sociais (Ipes) na construção da reforma administrativa na ditadura civil-militar (1964-1968).* Niterói: UFF, 2013.

CARDOSO, Adalberto Moreira. *O sindicalismo corporativo não é mais o mesmo.* São Paulo: *Novos Estudos,* n.48, julho de 1997.

CASADO, José e Otávio, Chico. "O elo da Fiesp com a ditadura". *O Globo,* 9/3/2013. http://oglobo.globo.com/brasil/o-elo-da-fiesp-com--porao-da-ditadura-7794152. Acesso em 11.ago.2015.

CUNHA, Luiz Cláudio. *Máximas e mínimas: os ventos errantes da mídia na tormenta de 1964. In: A Ditadura de Segurança Nacional no Rio Grande do Sul (1964-1985): história e memória. Da Campanha da Legalidade ao Golpe de 1964. Vol. 1.* Enrique Padrós et al (Org.). Porto Alegre: Coragem, 2009.

KOWARICK, Lucio e Campanário, Milton. *São Paulo: metrópole do subdesenvolvimento industrializado.* São Paulo: *Novos Estudos,* v. 13, outubro de 1985.

MITIDIERO, Daniel. *O processualismo e a formação do Código Buzaid. In:* Revista de Processo, 2010 – REPRO 183.

MOTTA, Rodrigo Patto Sá. *Incomoda memórias: os arquivos do ASI universitárias*. In: Acervo: Rio de Janeiro, v. 21, n. 2 , p. 43-66, jul/dez 2008.

MOTTA, Rodrigo Patto Sá. *Os olhos do regime militar brasileiro nos campi. As assessorias de segurança e informações das universidades*. Rio de Janeiro: *Topoi*, v. 9, n. 16, jan-jun 2008, p. 30-67.

NATIVIDADE, Melissa Miranda. *Ação e atuação do Grupo sobre Reforma Agrária do Instituto de Pesquisas e Estudos Sociais – Ipes (1961-1964)*. Rio de Janeiro: XV Encontro Regional de História: ofício do historiador, ensino & pesquisa. *Anais do XV Encontro Regional de História da Anpuh/RJ.*

RACY, Joanquim Carlos e Silberfeld, Jean-Claude. *Defesa nacional, complexo industrial-militar e mobilização industrial: apontamentos para a mobilização nacional*. São Paulo: *Revista de Economia do Mackenzie*, Ano 3, n. 3, p. 53-71.

RAMÍREZ, Hernán Ramiro. *A ditadura fala? Reflexões sobre os testemunhos orais através de entrevistas concedidas por Ernesto Geisel e Jorge Oscar de Mello Flôres*. Revista Tempo e Argumento. Florianópolis, v. 2, n. 1, p. 21 – 51, jan. / jun. 2010.

ZAVERUCHA, Jorge. In: TELES, Edson & SAFATLE, Vladimir Pinheiro. *O que resta da ditadura. A exceção brasileira*. São Paulo: Boitempo, 2013.

Livros, teses e dissertações

ASSIS, Denise. *Propaganda e Cinema a Serviço do Golpe. 1962/1964*. Rio de Janeiro, MUAD/FAPERJ, 2001.

ASSIS, José Carlos de. *A Chave do Tesouro: Anatomia dos escândalos financeiros: Brasil 1974/1983*. Rio de Janeiro, Paz e Terra, 1983;

ARNS, Paulo Evaristo. *Projeto Brasil Nunca Mais*. Rio de Janeiro: Vozes, 2011.

ASSUNÇÃO, Vânia Noeli Ferreira de. *O Satânico Doutor Go: A Ideologia Bonapartista de Golbery do Couto e Silva*. (1999) Dissertação (mestrado) apresentada a Pontifícia Universidade Católica de São Paulo, 1999.

BENJAMIN, Walter. In: LÖWY, Michel. *Walter Benjamin: Aviso de Incêndio. Uma leitura das teses 'Sobre o conceito de história'*. São Paulo: Boitempo, 2010;

BOHOSLAVSKY, Juan Pablo e D. TORELLY, Marcelo. *Cumplicidade financeira na ditadura brasileira: implicações atuais*. Revista Anistia, Política e Justiça de Transição, n. 6, julho/dezembro, 2011.

BORTONE, Elaine de Almeida. *A participação do Instituto de Pesquisas e Estudos Sociais (Ipes) na construção da reforma administrativa na ditadura civil-militar (1964-1968)*. Niterói: UFF, 2013.

BRISO NETO, Joaquim Luiz Pereira. *O conservadorismo em construção: o instituto de Pesquisas e Estudos Sociais (IPES) e as reformas financeiras*

298   MONTELEONE - SEREZA - SION - AMORIM - MACHADO

da ditadura militar (1961-1966). Dissertação de mestrado. São Paulo: Unicamp/ Instituto de Economia, 2008.

CIBULARES, Maurício. *Jogo aberto: a bússola no mercado de capitais*. Rio de Janeiro: Expressão e Cultura, 1970.

COSTA, Caio Túlio. *Cale-se: a saga de Vannucchi Leme. A USP como aldeia gaulesa. O show proibido de Gilberto Gil*. São Paulo: A Girafa, 2003.

DECKS, Flavio. *Radiografia do terrorismo no Brasil: 1966/1980*. São Paulo, Ed. Ícone, 1985.

DELLAMORE, Carolina. *Marcas da clandestinidade: memórias da ditadura militar brasileira*. Rio de Janeiro: Instituto Brasileiro de Museus, 2011.

DREIFUSS, René Armand. *1964: A conquista do Estado. Ação Política, Poder e Golpe de Classe*. Petrópolis, Ed. Vozes, 1981.

DREIFUSS, René. *1964 – A conquista do Estado*. 5ª Edição. Petrópolis: Vozes, 1987. Esteves, Carlos Leandro da Silva. "O agrarismo ipesiano nos projetos de Paulo de Assis Ribeiro". *Saeculum – Revista de história*, nº 26. João Pessoa, jan./jun. 2012.

FERREIRA, Jorge. *João Goulart: uma biografia*. Rio de Janeiro: Civilização Brasileira, 2011.

FICO, Carlos. *Como eles agiam: os subterrâneos da ditadura militar: espionagem e polícia política*. Rio de Janeiro: Record, 2001.

FON, Antonio Carlos. *Tortura. A História da Repressão Política no Brasil*. São Paulo: Global Editora, 1981.

FON, Antonio Carlos *Um poder na sombra. 'Direito de necessidade', a base jurídica para justificar a violência nas prisões*. In: Veja, 21.02.1979.

GASPARI, Elio. *A Ditadura Envergonhada. As ilusões armadas*. São Paulo: Campanha das Letras, 2002.

GASPARI, Elio. *A ditadura escancarada*. São Paulo: Companhia das Letras, 2002.

GODOY, Marcelo. *A Casa da Vovó. Uma biografia do DOI-Codi (1969-1991), o centro de sequestro, tortura e morte da ditadura militar. Histórias, documentos e depoimentos inéditos dos agentes do regime*. São Paulo: Alameda, 2014.

GODOY, Marcelo. *'O Dops sabia da presença de Mengele no Brasil'*. In: O Estado de São Paulo, 4 de maio, 2013.

GÓES, Walder de. *O Brasil do general Geisel*. Rio de Janeiro, Nova Fronteira, 1978.

GOMES, Marcos. *O bilionário réveillon da Light! Toda a história da negociata do ano: 1,3 bilhão de dólares por um ferro velho que já era nosso*. In: Movimento, Edição 183, 1979.

GONÇALVES, Martina Spohr. *Páginas golpistas: democracia e anticomunismo através do projeto editorial do IPES (1961-1964)*. Dissertação de

À ESPERA DA VERDADE   299

mestrado. Niterói: Universidade Federal Fluminense/ Instituto de Ciências Humanas e Filosofia, 2010.

KAREPOVS, Daines. *Luta subterrânea*. São Paulo: Ed. Unesp/ Hucitec, 2003.

KONDER, Leandro. *A questão da ideologia*. São Paulo: Companhia das Letras, 2002.

KUSHNER, Beatriz. *Cães de guarda: jornalistas e censores do AI-5 à Constituição*. São Paulo: Boitempo Editorial, 2004.

LANGGUTH, A. J. *A face oculta do terror*. São Paulo: Civilização Brasileira, 1978.

LOWY, Michael. *O marxismo na América Latina: uma antologia de 1909 aos dias atuais*. São Paulo: Perseu Abramo, 1999.

MACIEL, David. De Sarney a Collor. *Reformas políticas, democratização e crise (1985-1990)*. São Paulo: Alameda Casa Editorial, 2012.

MAGALHÃES, Mário. *Mariguella: o guerrilheiro que incendiou o mundo*. São Paulo: Companhia das Letras, 2013.

MAXWELL, Kenneth. *A construção da democracia em Portugal*. Lisboa: Presença, 1999.

MELO, Jorge José de. *Boilesen, um empresário da ditadura – a questão do apoio do empresariado paulista à Oban/Operação Bandeirantes – 1969-1971*. Niterói: UFF, 2012.

MIRANDA, Pontes de. *Comentários à Constituição de 1967. Tomo I (Arts. 1º - 7º)*. São Paulo: Editora Revista dos Tribunais, 1967.

MIROW, Kurt. *A ditadura dos cartéis: anatomia de um subdesenvolvimento*. Rio de Janeiro: Civilização Brasileira, 1978.

MIROW, Kurt. *Condenados ao subdesenvolvimento*. Rio de Janeiro, 1978.

MOREIRA, Marcílio Marques. *Diplomacia, política e finanças: de JK a Collor, 40 anos de história por um de seus protagonistas*. Rio de Janeiro: Objetiva, 2001.

OFFE. Claus. *Capitalismo desorganizado*. São Paulo: Brasiliense, 1985.

RAMIREZ, Hernán Ramiro. *Os institutos de Estudos Econômicos de organizações empresariais e sua relação com o Estado em perspectiva comparada: argentina e Brasil, 1961-1996*. Tese de Doutorado. Porto Alegre: Universidade Federal do Rio Grande do Sul/ Instituto de Filosofia e ciências Humanas, 2005.

PEREIRA, Mauricio Broinizi. *O Complexo Industrial-Militar Brasileiro: O Projeto Brasil Potência e os Programas de Construção da Autonomia Tecnológica e Estratégica das Forças Armadas (1964/1994)*. Tese de doutorado. São Paulo: Universidade de São Paulo/ Faculdade de Filosofia, Letras e Ciências Humanas, 1996.

PINHEIRO, Paulo Sergio; HALL, Michael. *A classe operária no Brasil. 1889-1930: Documentos. Vol. II. Condições de vida e de trabalho, relações com os empresários e o Estado*. São Paulo: Brasiliense, 1979.

PINTO, Lúcio Flávio. *Tucuruí: a barragem da ditadura*. Belém: Jornal Pessoal, 2011.

POMAR, Pedro. *Memória Brasil n.2*. São Paulo: Brasil debates, 1980.

RAMÍREZ, Hernán Ramiro. "A ditadura fala? Reflexões sobre os testemunhos orais através de entrevistas concedidas por Ernesto Geisel e Jorge Oscar de Mello Flôres". *Revista Tempo e Argumento*. Florianópolis, v. 2, n. 1, p. 21 – 51, jan. / jun. 2010.

RICUPERO, Bernardo. *Caio Prado Jr. e a nacionalização do marxismo no Brasil*. São Paulo: Editora 34, 2000.

TRATENBERG, Maurício. *Burocracia e ideologia*. São Paulo: Ática, 1974.

SERBIN, Kenneth P. *Diálogos na sombra: bispos e militares, tortura e justiça social na ditadura*. São Paulo: Companhia das Letras, 2001.

SERENY, Gitta. *Into that darkness. An examination of conscience. Based on extensive interviews, an unprecedented portrait of Franz Stangl, Commandant of Treblink – the largest of the five Nazi extermination camps*. New York: First Vintage Books Edition, 1983.

SILBERFELD, Jean-Claude Eduardo. *O Grupo Permanente de Mobilização Industrial da Federação das Indústrias do Estado de São Paulo: 1964-1967*. São Paulo: Dissertação (mestrado) apresentada a Pontifícia Universidade Católica de São Paulo, 1985.

SILVA, Hélio; *A fuga de João Goulart, 1962-1963*. São Paulo: Edições Isto é, 1998.

SIMÕES, Solange de Deus. *Deus, pátria e família. As mulheres no Golpe de 1964*. Petrópolis: Vozes, 1985.

SPIELER, Paula; QUEIROZ, Rafael Mafei Rabelo (Coordenadores); PAYAR, André Javier Ferreira et al (Pesquisadores). *Advocacia em Tempos Difíceis: Ditadura Militar (1964-1985)*. Curitiba: Projeto Marcas da Memória (Comissão de Anistia/Ministério da Justiça) & FGV--Direito (Rio de Janeiro/São Paulo), 2013. Disponível em: https://drive.google.com/file/d/0B_IgejNf53HydDFobGtTYWdRbVE/edit;

STARLING, Heloísa Maria Murgel. *Os senhores das Gerais: os novos inconfidentes e o golpe de 1964*. Petrópolis: Vozes, 1986.

STUMPF, André Gustavo e PEREIRA FILHO, Merval. A *segunda guerra: sucessão de Geisel*. São Paulo: Brasiliense, 1979.

TELLES, Janaína de Almeida; TELLES, Janaína de Almeida; Santos, Cecilia MacDowell. *Desarquivando a ditadura. Memória e justiça no Brasil. Volume II*. São Paulo: Editora Hucitec, 2009.

VERBITSKY, Horacio & BOHOSLAVSKY, Juan Pablo (Editores). *Cuentas pendientes: Los cómplices económicos de la dictadura*. Buenos Aires: Siglo Veintiuno Editores, 2013.

Agradecimentos

Este livro é fruto de um trabalho coletivo. Foram cinco os pesquisadores que se envolveram diretamente na coleta de informações e nas discussões semanais sobre os resultados da investigação. São eles que escreveram a quase totalidade dos textos aqui apresentados, mas muito mais gente participou do esforço. Não podemos, assim, deixar de citar as pessoas que, por diversas vias, colaboraram para o resultado aqui apresentado.

Primeiramente, temos de agradecer ao convite da professora Heloísa Starling, da Universidade Federal de Minas Gerais, e do jornalista Lucas Figueiredo, que funcionou como pontapé inicial deste trabalho, por meio do Projeto República e da Fundação de Desenvolvimento da Pesquisa (Fundep).

Durante o período de produção dos textos desta coletânea, alguns entrevistados foram de generosidade ímpar.

Correndo o risco de deixar algum de lado, citamos os cinco que dedicaram mais longas horas de conversa com os pesquisadores: Antonio Carlos Fon, Oliveiros da Silva Ferreira, Carlos Eugênio Paz, Aníbal Teixeira e Jean-Claude Silberfeld. O jornalista Marcelo Godoy, autor de *A Casa da Vovó - uma biografia do DOI-Codi*, Adriano Diogo, que presidiu a Comissão Estadual da Verdade Rubens Paiva, e a ativista Amelinha Teles foram interlocutores presentes em muitos momentos, com quem trocamos informações fundamentais.

Sem o suporte editorial dos sites "Última Instância" e "Opera Mundi", os textos deste livro sequer teriam sido produzidos. Assim, a confiança depositada em nós e a liberdade de atuação garantidas por Roberto Cosso, Mariana Carvalho e Breno Altman foram fundamentais. Em nome de todos os profissionais desses veículos, nossos colegas de trabalho, agradecemos a Lucas Callegari, Marina Terra, João Novaes e Igor Truz. As reportagens ganharam musculatura com a publicação de imagens históricas e dos vídeos das entrevistas, o que não poderia ser feito sem a participação de Dodô Calixto e Gabriela Bernd.

A equipe da Alameda, especialmente Danuza Valim e Leidiane Cavalcante, deu suporte administrativo ao grupo sempre que foi necessário.

Esta obra foi impressa em São Paulo
pela Graphium Editora no verão de
2016. No texto foi utilizada a fonte
Palatino Linotype em corpo 10 e en-
trelinha de 16,5 pontos.